房地产项目策划与实施从入门到精通系列

房地产从入门到精通

营销策划·整合推广·销售管理

苏毅 主编

化学工业出版社

·北京·

内容简介

《房地产从入门到精通——营销策划·整合推广·销售管理》一书主要涵盖三部分内容。第一部分：营销策划，由项目导入期营销策划、项目预热期营销策划、项目开盘期营销策划、项目强销期营销策划、项目持续期营销策划、项目尾盘期营销策划组成；第二部分：整合推广，由广告营销推广、品牌营销推广、微信营销推广、微博营销推广、直播营销推广、短视频营销推广组成；第三部分：销售管理，由组建销售团队、制定销售制度、销售成本管控、售楼处形象设计、案场客户接待、案场销售控制组成。

本书实用性强，着重突出可操作性，尤其是提供的国内知名房地产企业在管理过程中的经典范本，可帮助企业管理者在房地产企业运营的全过程中提升工作能力，使之为企业的管理创造价值、发挥更大作用。

图书在版编目（CIP）数据

房地产从入门到精通. 营销策划·整合推广·销售管理/苏毅主编. —北京：化学工业出版社，2021.2
（房地产项目策划与实施从入门到精通系列）
ISBN 978-7-122-38145-3

Ⅰ.①房…　Ⅱ.①苏…　Ⅲ.①房地产-销售
Ⅳ.①F293.3

中国版本图书馆CIP数据核字（2020）第243361号

责任编辑：陈　蕾　　　　装帧设计：尹琳琳
责任校对：宋　夏

出版发行：化学工业出版社
　　　　　（北京市东城区青年湖南街13号　邮政编码100011）
印　　装：大厂聚鑫印刷有限责任公司
710mm×1000mm　1/16　印张13¼　字数226千字
2021年2月北京第1版第1次印刷

购书咨询：010-64518888
售后服务：010-64518899
网　　址：http://www.cip.com.cn

凡购买本书，如有缺损质量问题，本社销售中心负责调换。

定　价：68.00元　　　　　版权所有　违者必究

前言

房地产行业是我国的支柱产业之一，对国民经济的健康发展起着重要的作用。随着房地产行业的不断发展，竞争日趋激烈，也给房地产行业带来了较大的压力。为了能够在激烈的市场竞争中取胜，降低成本和扩大利润是房地产行业需要重点考虑的问题，需要加强内控管理制度，优化房地产的内控建设，从而促进房地产行业的持续、健康发展。

在房地产新环境下，对市场、环境、客户的研究分析显得尤为重要，这是打造符合市场需求的产品的重要工作。除了对市场、环境和客户的深入研究和分析，创新的营销方法也是赢得市场的重要手段。本书就如何分析、定位产品和市场，以及创新营销展开案例式的讨论和讲解。房地产项目策划的全过程需要开发商从拿地开始，进行市场调查、消费者心理行为分析、市场定位、项目规划设计，制定价格策略、广告策略、销售策略，以及物业管理前期介入的全过程筹划与部署工作。房地产项目策划是将策划理论与房地产开发、房地产投资、房地产估价、房地产经营、房地产市场营销、物业管理等有关理论与知识结合，并应用于房地产项目实际运作过程中的一门新兴学科。如今，房地产市场调研、项目报建、施工管理、营销策划等仍存在一定的问题，基于此，我们通过对国内一些知名房地产企业的成功经验进行总结，结合我们的咨询调研方案，编写了"房地产项目策划与实施从入门到精通系列"，具体包括《房地产从入门到精通——市场调研·项目策划·投资分析》《房地产从入门到精通——项目报建·施工管理·竣工验收》《房地产从入门到精通——营销策划·整合推广·销售管理》三本行业用书，供读者参考使用。

其中,《房地产从入门到精通——营销策划·整合推广·销售管理》一书主要包括三个部分:第一部分(营销策划)由项目导入期营销策划、项目预热期营销策划、项目开盘期营销策划、项目强销期营销策划、项目持续期营销策划、项目尾盘期营销策划6章组成;第二部分(整合推广)由广告营销推广、品牌营销推广、微信营销推广、微博营销推广、直播营销推广、短视频营销推广6章组成;第三部分(销售管理)由组建销售团队、制定销售制度、销售成本管控、售楼处形象设计、案场客户接待、案场销售控制6章组成。

本书由苏毅主编,参与编写的还有匡仲潇、刘艳玲。由于编者水平有限,加之时间仓促,书中难免会出现疏漏与缺憾之处,敬请读者批评指正。

编者

目录

001
第一部分
营销策划

房地产营销策划是一项系统工程，它统筹所有房地产销售及宣传推广工作，是房地产开发商为了取得理想的销售推广效果，在环境分析的基础上，利用其可动用的各种外部及内部资源进行优化组合，制订计划并统筹执行的过程。

第一章　项目导入期营销策划　　　　　　003

一、销售模式确定　　　　　　　　　　　　003
二、展厅选址　　　　　　　　　　　　　　006
三、营销策略总纲编制　　　　　　　　　　007
四、销售物料筹备　　　　　　　　　　　　008
　　相关链接　对宣传物料设计与印刷的监控　010
五、品牌导入执行　　　　　　　　　　　　014
六、营销起势活动策划　　　　　　　　　　018

第二章　项目预热期营销策划　　　　　　020

一、预热期的作用　　　　　　　　　　　　020
二、预热期蓄客　　　　　　　　　　　　　021
三、预热期的推广策略　　　　　　　　　　022
　　【行业参考】××房地产项目预热期营销
　　　　　　　推广策略　　　　　　　　　023

第三章　项目开盘期营销策划　　　　　　028

一、项目成功开盘的条件　　　　　　　　　028

二、项目成功开盘的作用　　　　　　　　　　029
三、项目成功开盘的关键点　　　　　　　　　029
四、项目开盘把控要点　　　　　　　　　　　033
五、开盘活动策划　　　　　　　　　　　　　035
　　【行业参考】××广场开盘盛典策划＆执行
　　　　　　　　方案　　　　　　　　　　　037

第四章　项目强销期营销策划　　　　　　　040

一、强销期的工作重点　　　　　　　　　　　040
二、强销期的策划要点　　　　　　　　　　　042
三、强销期的销售策略　　　　　　　　　　　043
四、强销期的促销策略　　　　　　　　　　　044
　　【行业参考】××房地产项目强销期推广计划　046
五、强销期的注意事项　　　　　　　　　　　047

第五章　项目持续期营销策划　　　　　　　049

一、持续期的推广策略　　　　　　　　　　　049
　　【行业参考】××房地产公司精装修房源
　　　　　　　　强销持续期推广计划　　　　050
二、持续期的促销策略　　　　　　　　　　　052
三、持续期的销售策略　　　　　　　　　　　052
四、持续期的价格调整　　　　　　　　　　　054

第六章　项目尾盘期营销策划　　　　　　　055

一、避免尾盘发生的方法　　　　　　　　　　055
二、编制尾盘销售计划　　　　　　　　　　　056
三、尾盘期的宣传策略　　　　　　　　　　　056
四、尾盘期的促销手段　　　　　　　　　　　058
　　相关链接　尾盘促销注意事项　　　　　　059
五、尾盘期的销售策略　　　　　　　　　　　060
　　【行业参考】××房地产公司尾盘促销方案　062

第二部分 整合推广

整合推广是房地产经营过程中不可缺少的组成部分。强有力的房地产市场推广活动不仅可以促进房地产企业不断占领市场份额,还能树立良好的口碑,使每一个项目顺利出售,保证企业利润最大化。

第七章 广告营销推广 … 069
一、广告营销的概念 … 069
二、房地产广告的形式 … 070
三、广告的基调策略 … 070
四、广告的诉求策略 … 071
五、广告的媒体投放策略 … 072
  相关链接 房地产广告营销运用 … 073

第八章 品牌营销推广 … 075
一、品牌营销的概念 … 075
二、品牌营销的关键 … 077
三、品牌经营策略 … 078
四、品牌营销策略 … 083
五、品牌营销实施要点 … 085

第九章 微信营销推广 … 089
一、微信营销的概念 … 089
二、微信营销的战略意识 … 090
三、微信营销的战略观念 … 091
四、微信营销的推广步骤 … 093
  相关链接 如何让置业顾问具有微信营销
      能力 … 096
五、微信营销活动策划 … 097
  【行业参考】华润国际微信营销活动方案 … 100

第十章 微博营销推广 104
一、微博营销的概念 104
  相关链接 微博与房地产业的关系 105
二、微博运营策略 105
三、微博内容规划 107
四、在微博中植入广告 111
五、微博营销活动策划 112
  【行业参考】××广场情人节微博营销活动 114

第十一章 直播营销推广 117
一、直播营销的概念 117
二、直播卖房的好处 118
  相关链接 直播卖房的效果 119
三、常见的直播方式 120
  相关链接 碧桂园创新直播形式 122
四、打造一场完美直播 123
五、直播后的二次传播 125
  相关链接 现阶段地产直播痛点及解决方案 125

第十二章 短视频营销推广 127
一、短视频是营销风口 127
二、短视频营销账号定位 129
三、短视频营销内容策划 131
四、短视频内容输出 133
  相关链接 地产短视频翻红指南 135
五、短视频运营策略 136
  相关链接 短视频营销该如何做 138

第三部分 销售管理

一个优秀的销售团队可以把企业的产品优势和企业品牌发挥到最大化,这将为企业带来最实惠的效益——花最少的钱办最大的事;相反,销售团队的拙劣表现,将会使企业陷入全面被动。

第十三章 组建销售团队   141
一、找准团队组建理念   141
二、设计组织架构   143
三、严谨细致选拔成员   143
    相关链接 销售人员招聘要点   144
四、明确各岗位工作职责   145
五、加强员工培训管理   149

第十四章 制定销售制度   151
一、行为规范管理   151
    【行业参考】××房地产公司销售人员
    行为规范   153
二、考勤管理   159
    【行业参考】××房地产公司销售人员
    考勤制度   160
三、人事管理   162
    【行业参考】××房地产公司销售部人事
    管理制度   163
四、会议管理   165
    【行业参考】××房地产公司销售部项目
    例会制度   165
五、样板房管理   167
    【行业参考】××房地产公司销售部样板房
    管理制度   167

第十五章　销售成本管控　　171
一、销售环节成本控制　　171
二、销售费用管理　　174
　　【行业参考】××房地产公司营销费用的
　　　　　　　　管理制度　　176
三、销售资金回款　　180
　　相关链接　创设回款需实现良好的条件　　181

第十六章　售楼处形象设计　　183
一、售楼处的选址原则　　183
二、售楼处的功能设计　　185
三、售楼处的布置要求　　187
　　相关链接　应注重的售楼处装修细节　　187
四、样板房的位置选择　　188
五、样板房的设计要求　　189

第十七章　案场客户接待　　191
一、热情接待　　191
二、做好介绍　　192
三、参观样板房　　194
四、客户登记　　194
五、跟进服务　　195
　　相关链接　客户跟踪技巧　　195

第十八章　案场销售控制　　197
一、销控的作用　　197
二、销控的策略　　198
三、销控实施的条件　　199
四、销控实施的方法　　201

房地产项目策划与实施从入门到精通系列

01

第一部分
营销策划

REAL ESTATE

导言

房地产营销策划是一项系统工程，它统筹所有房地产销售及宣传推广工作，是房地产开发商为了取得理想的销售推广效果，在环境分析的基础上，利用其可动用的各种外部及内部资源进行优化组合，制订计划并统筹执行的过程。

1. 项目导入期营销策划
2. 项目预热期营销策划
3. 项目开盘期营销策划
4. 项目强销期营销策划
5. 项目持续期营销策划
6. 项目尾盘期营销策划

第一章
项目导入期营销策划

【章前概述】

项目导入期是在项目还没有接待任何客户的这段时间进行项目的筹备以及企业品牌的宣传推广。让消费者尽快认同并接受该项目,是本阶段营销的重点。

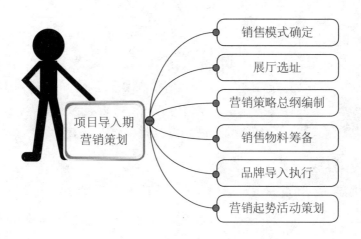

【内容解读】

一、销售模式确定

根据销售的具体责任人不同,销售模式可以分成图1-1所示的四种。

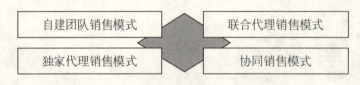

图 1-1 销售的模式

1. 自建团队销售模式

自建团队销售模式，也可以称为自销模式，是由开发商自行组织人员来负责全部项目的销售、策划、后台、渠道管理等营销工作。其优劣势如图1-2所示。

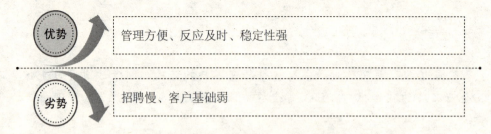

图 1-2 自建团队销售模式的优劣势

一般来说，项目所在地已有一个或多个地产项目且公司发展相对成熟，对当地市场情况有较深了解及资源可以采用自销模式；或者若品牌初次进入新城市，项目营销原始团队具有强大的专业能力、丰富的业务资源、成熟的管理经验、完整的管理办法，也可尝试采用自主销售模式。自销团队适用于以下项目：① 豪宅或别墅类项目；② 难度较大的项目；③ 尾盘项目（可多项目合并管理）。

2. 独家代理销售模式

独家代理是指开发商用一家代理公司承担项目所有销售及部分策划推广工作。其优劣势如图1-3所示。

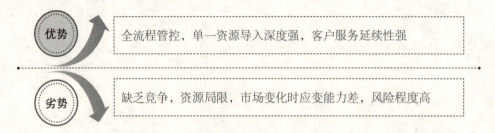

图 1-3 独家代理销售模式的优劣势

一般来说，缺乏后续操作项目的临时性地区公司采用此模式；或者进入新的城市或区域，项目体量较小、销售时间较短，且没有客户基础或者品牌沉淀，可以采用独家代理，实现快速蓄客、快速销售。

3. 联合代理销售模式

联合代理模式是指开发商同时委托两家或以上代理公司进行项目所有销售及部分策划推广工作。其优劣势如图1-4所示。

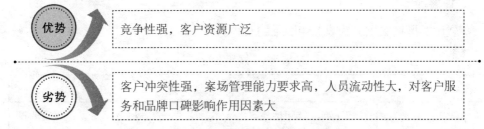

图1-4　联合代理销售模式的优劣势

相对于独家代理，联合代理更适用于新进入的城市，需要专业代理公司拓展市场、梳理品牌开发的刚需或改善项目；且项目体量较大，销售难度高、销售任务重，单一依靠一个代理团队无法完成拓客任务，需要大规模协同运作的项目。

4. 协同销售模式

协同销售是由开发商自建销售团队和代理公司团队合作销售的模式，开发商负责制定项目整体策略定位和推广计划。其优劣势如图1-5所示。

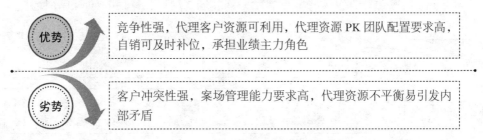

图1-5　协同销售模式的优劣势

一般，项目体量较大，大规模运作的刚需类或改善类项目，或者项目销售难度较大且具有一定销售规模的高端类项目都可以采用协同销售模式。如果是新进入的地理区域，需要专业代理公司拓展市场、梳理品牌开发的刚需或改善项目，或者进入销售瓶颈期的项目,为激发销售团队的工作积极性,也可采用协同销售模式。

二、展厅选址

城市展厅、外展场或者外展点、展点,一般来说都是售楼处之外用于宣传展示项目及产品、接待意向客户的场所。

1. 展厅类型

展厅类型按级别分为表1-1所示的几种。

表1-1 展厅类型

序号	类型	具体说明
1	1级展厅	城市展厅,包括沙盘区、单体模型、洽谈区等,可以是租赁的商铺,或者是搭建的临时建筑
2	2级展厅	设置在超市或商场内的一定面积的展区,根据面积设置洽谈区、区位图(或沙盘)、单体模型等
3	3级展厅	设置在超市或商场内的展位,一般仅放置一张接待台和资料架,设2~3名接待人员
4	4级展厅	仅放置有资料架、展架等,不设接待人员

2. 设置展厅的目的

对于项目来说,设置这些城市展厅、外展场、展点,其目的如图1-6所示。

| 扩展客户 | | 通过城市展厅、外展场、展点的宣传及展示,可以让更多客户对项目初步认识,起到对外告知的作用,拓展本项目的客户群 |

| 展示形象 | | 通过城市展厅店招、沙盘展示、展位设计、海报、宣传页等媒介传达公司品牌及项目信息,初步展示项目形象,突出项目特征 |

| 促进销售 | | 可以集中诚意客户,积累诚意客户,增加销售 |

| 宣传品牌 | | 展示企业品牌,提升品牌知名度,这一点城市展厅尤为明显 |

图1-6 设置展厅的目的

3. 展厅的选址

正是基于以上目的，很多项目在售楼处、示范区未亮相之前，都会设置展厅、展点以提前进行项目的宣传，所以展厅开放也成了项目标准化的关键节点之一。无论是城市展厅、外展场还是展点，通常都是在项目蓄客期及强销期、且在意向客户分布密集区设立使用，因此，场地选址应考虑现场包装、商务谈判等因素，提前着手开展。

为了后续展厅开放实现项目的既定目标，展厅选址应遵循图1-7所示的三大原则。

原则一 ▶ 选择目标客户集中的区域

选取客户集中分布的城市、区域，并选取该城市、区域人流密集的场所，最大限度地让目标客户认识、认同本项目，引起客户的关注

原则二 ▶ 选择昭示性好、通达性强的区域

选取地段繁华、交通便利、昭示性强的场所，如大型商场、超市、酒店等，最大限度地提升企业品牌、项目的曝光率

原则三 ▶ 选择与项目联动交通便捷的区域

选址应考虑如何将此处积累的意向客户有效转化至项目售楼处，应选择与项目售楼处交通顺畅的场所，便于客户到达或设置看房班车，如果是异地的城市展厅，应考虑交通的通达性及客户往返成本

图1-7　展厅选址应遵循的原则

三、营销策略总纲编制

在地块摘牌后，房地产企业应根据地块所属城市区域市场分析、竞品市场分析，推导出项目定位、产品定位及形象定位，并根据定位制定项目的核心策略、推广策略、渠道策略以及价格策略，形成营销策略总纲作为项目整体的营销工作铺排计划指引。

营销策略总纲报告架构一般包括：项目（本体）分析、客户分析、市场分析、核心问题、营销策略、营销费用。具体如表1-2所示。

表 1-2　营销策略总纲报告架构

序号	架构内容	具体说明
1	项目分析	包括项目简介、区位、交通、配套、项目价值梳理等
2	客户分析	包括人口及产业分析（人口规模、市场结构、行业性质）、竞品客户分析（客户分类、客户来源、客户特征、客户流向、客户类型、客户物理属性、客户情感偏好）、客户定位等
3	市场分析	包括整体市场分析（宏观政策调控、住宅市场量价分析、住宅市场存量量化分析、住宅市场存量及去存周期、住宅市场成交价格、住宅市场成交面积段、区域商业市场供销量价、区域商业市场库存及去化率、区域商业市场产品结构）、竞品分析（板块竞争预判、板块内竞品对比）、市场小结
4	核心问题	包括项目货值盘点（经济指标、货值盘点、户型配比）、开盘目标分解、核心问题分析、主要解决思路
5	营销策略	包括整盘营销策略、项目定位、产品建议（户型建议、整盘推售节奏、售楼处包装、示范区包装等）、价格策略、推广策略、渠道策略、推广动作铺排（媒体组合、媒体铺排、事件营销、圈层营销等）、渠道动作铺排（商超巡展、派单、电话推广、竞品拦截、大客户拜访等）、商业营销策略（产品建议、立面建议、商业景观包装建议、业态定位、运营策略等）、车位营销策略（如有车位）
6	营销费用	是整盘营销费用及营销费用分析总结

四、销售物料筹备

销售物料是包含辅助销售人员进行销售的所有道具和物件的总称，销售物料在销售过程中起到关键的作用。古人常说"兵马未动，粮草先行"，对于销售人员而言，销售物料就是他们的"粮草"，只有确保"粮草"到位，到了真正打仗的时候才能发挥他们最强大的战斗力，这也是销售物料筹备之所以成为一个关键节点的原因。

对于销售物料，可以分为图1-8所示的四类。

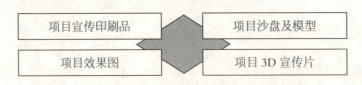

图 1-8　销售物料的分类

1. 项目宣传印刷品

项目宣传印刷品主要包括楼书、DM（折页、单张）、户型手册等。

（1）楼书。大部分项目都会做楼书，一般视销售需要选择楼书类型，可选择制作形象楼书、产品楼书、区域价值手册、物业服务手册、投资手册、生活读本等。楼书的设计要求如表1-3所示。

表 1-3　楼书设计要求

序号	设计要求	具体说明
1	楼书内容	需涵盖生活方式演绎、区域价值、优势资源、交通价值、景观环境、建筑设计、物业管理、配套、品牌、投资价值等，封底或封三须附项目交通图、项目地址、热线电话、项目二维码、项目logo（徽标）、集团logo、风险提示等
2	表现方式	一般以精美图片为主，辅助少量文字介绍
3	楼书设计	须确认楼书规划、文字后再行设计，以保证楼书设计品质、效果
4	内页文案	须经法务、工程、设计、物业相关人员确认
5	楼书成品	须突出品质感、美观度，整体风格要与楼盘风格相符且突出项目高档次感，工艺与取材相对高档
6	复杂工艺	须提前制作小样以确保质量

（2）DM。DM是项目信息宣传的精华版，需结合当期时效信息进行设计。设计要求如图1-9所示。

图 1-9　DM 设计要求

小知识

　　生活体验馆用DM须保证品质，可采用超感滑面或高阶映画等有质感的纸张，原则上须先打样再印刷。渠道用DM建议采用哑粉纸或铜版纸以控制成本。若采用外聘派单渠道，为促进派单工作成效，对派单员实行有效奖励，视需要留出派单员盖戳位置。

（3）户型手册。户型手册是对产品户型进行详细介绍的物料，根据需要可制作成册子，也可制作成简单实用的单张。其设计要求如表1-4所示。

表1-4 户型手册的设计要求

序号	设计要求	具体说明
1	设计内容	主要包括总规划平面示意图、户型平面图、户型分布图、户型卖点、面积数据表、置业计划等
2	设计形式	需按照产品类型（例如独栋别墅、双拼别墅、联排别墅、法式合院、高层公寓、多层公寓等）分册或分篇章规划设计
3	注意事项	（1）户型手册出品前，须向户型设计相关人员及项目工程管理部负责人确认后再行印刷制作，户型尺寸是否标注视情况而定 （2）户型图中的楼栋编号、房屋编号以当地房产管理部门核准编号为准，并按照公司户型编号习惯对户型进行编号 （3）户型平面、交付装修标准等内容必须同《商品房买卖合同》附件一致，须体现赠送面积，同时对赠送面积进行"可变空间"等字样标注，避免出现"赠送面积"等违规字样 （4）置业计划建议印在户型平面图背面，并附免责条款，说明价格变动不另行通知，印刷纸张不建议油纸，以免笔迹经触碰后模糊不清 （5）若户型手册内容变更，须将旧户型手册即时修正或进行作废处理

相关链接

对宣传物料设计与印刷的监控

根据项目整体营销策略和推广宣传计划，房地产企业可委托广告设计公司进行广告宣传品的设计，项目策划人员需对设计过程进行质量监控，监控要素主要包括：

（1）宣传品的编制、设计是否符合委托要求。

（2）创意表达是否新颖，文字表达是否准确、优美。

（3）相关项目介绍的内容是否准确。

（4）企业名称、企业及项目logo、销售电话、销售地址、项目二维码等是否准确。

(5)宣传内容或文字表述是否与现行法律法规有冲突,并增加免责条款。

项目策划还需要会同广告设计公司严格按照设计样稿对印刷品印制效果进行评估。对楼书的使用、保管情况做不定期的检查。新楼书、宣传单页等启用时,应会同现场销售接待人员对印刷数量和质量进行验收。同时督促现场销售接待人员及时将作废、失效的宣传资料全部回收,回收的宣传资料除留样存档外其余销毁。

此外,项目所有印刷类宣传物料都须标注印刷日期和有效日期。

2. 项目效果图

(1)项目效果图的分类。按不同的标准,可将项目效果图分为不同的类型,具体如图1-10所示。

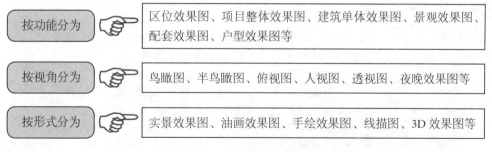

图 1-10 项目效果图的分类

(2)项目效果图的规划。可围绕营销策略总案及所要表现的内容,完成效果图规划建议。效果图一般规划为:项目整体鸟瞰图、楼体与园林关系图、建筑单体、中央景观、商业街效果图等。此外,根据项目特色可进行创意规划,如主打院落别墅项目,可规划制作春、夏、秋、冬四季院落效果图等。

(3)项目效果图的制作流程。重要管控节点包括:效果图建模(根据项目定位,确定效果图表现意向,进行效果图建模)、角度选取(根据效果图规划,选择表现角度)、单体色系把控(对建筑单体色系进行准确度把控)、全景效果审核(对整体效果进行把控,并出终稿)。

在效果图制作过程中,需要注意图1-11所示的事项。

1. 效果图在建筑设计、景观设计确定后设计制作

2. 效果图是展示项目形象、与客户沟通的重要手段之一，要注重色彩、氛围与形式的艺术性，并注意画面的透视感与氛围感

3. 项目公司营销团队负责人在专业公司建模以后，与规划、建筑、景观等专业设计人员共同介入该项工作各主要环节，全程把控

4. 若项目开发过程中，规划方案有所调整，要及时按照调整结果制作新的效果图，并对旧效果图进行作废处理

图 1-11　项目效果图制作注意事项

（4）项目效果图的设计制作审核。效果图设计制作审核时要注意图1-12所示的几点。

1. 了解工程性质、绘图比例、文字说明，熟悉常用图例

2. 在用地范围内，建筑物（新建、原有、拟建、拆除）、周围环境、道路（项目四至之外，周界环境的美化）的布置

3. 了解地形地貌：从高低起伏可知道地面的坡向

4. 了解新建房屋室内外高差、道路标高及坡度。查找楼盘定位依据

图 1-12　项目效果图的设计制作审核注意事项

3. 项目沙盘及模型

在项目实体楼盘展现之前，沙盘模型是展示项目形象的重要载体。模型要将项目的设计风格、色彩形象、环境、配套展示给客户。

（1）沙盘模型的分类。模型一般分区域沙盘模型、项目沙盘模型和户型单体

模型三种。其中区域模型和项目模型为必做模型，户型单体模型根据项目实际情况选择性制作。

（2）沙盘模型的制作。首先，在总规方案、建筑设计方案和景观设计方案确定后，选择沙盘模型制作商，编制沙盘模型制作方案。方案须注意如图1-13所示的几点。

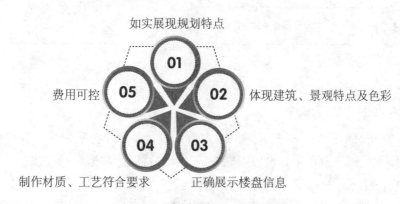

图 1-13 编制沙盘模型制作方案的要点

然后，组织设计单位、项目工程管理部等职能部门以及沙盘模型制作商召开沙盘模型方案交底会，详细解读设计要求，确定沙盘模型制作方案。

沙盘模型制作重要管控节点如图1-14所示。

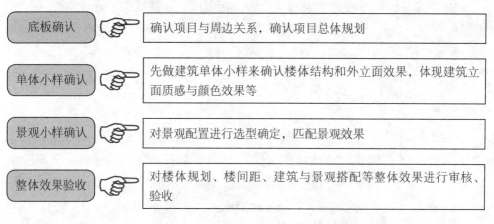

图 1-14 沙盘模型制作重要管控节点

沙盘模型制作中，需要注意图1-15所示的事项。

1 关键节点须由项目营销负责人协同设计单位、项目工程管理部等职能部门共同现场把控、全程参与

2 每个模型合作协议须明确模型维护责任、时间周期及相关费用承担。原则上模型维护期不少于1年，根据项目规划调整及周边环境变化，进行调整、整改

3 对项目不利因素须做如实呈现和提醒

图 1-15　沙盘模型制作注意事项

4. 项目 3D 宣传片

围绕营销策略需求进行项目 3D 宣传片设计、制作，宣传片一般包含企业形象视频、项目形象视频、价值内涵视频、产品视频、户型展示视频、工艺工法视频、智能化展示视频等，根据项目需要确定宣传片形式及主题。房地产企业最好以招标的形式选择全国知名、实力雄厚，拥有多次为大型品牌开发商项目 3D 制作经验的数码制作公司或影视制作公司。

制作单位选择方案应包括公司资质、成功案例、公司口碑、创意脚本（画面、分镜头、解说词、字幕等）、工作计划、服务小组名单、费用标准及付款方式等内容。

3D 宣传片的制作应充分表现项目的市场定位、区域价值、各大卖点等。画面结构完整、连贯、精美，中间如需穿插的实景素材，需与广告片的风格相协调，片长一般为 3～5 分钟、30 秒、15 秒、5 秒等。

五、品牌导入执行

品牌导入执行是品牌核心形象的输出，主要通过推广沟通、活动体验（与品牌/案名发布会、营销起势活动相结合）、阵地视觉三重导入，让客户感知企业品牌价值，具体包括户外、工地围墙/围挡、道旗、软文、网络、新媒体、招聘长图、报纸/杂志广告、宣传片等的导入执行。

1. 户外广告

户外广告的导入执行如表 1-5 所示。

表 1-5 户外广告的导入执行

序号	执行情况	具体说明
1	投放媒介	主要是交通路口户外大牌、三面翻广告牌或公交站台等户外地点
2	投放时间	在售楼处开放前三个月内投放
3	投放地点	在城市人流密集场所、项目红线范围内面对城市主干道的位置
4	价值输出点	品牌实力、项目案名

2. 工地围墙/围挡

工地围墙/围挡的导入执行如表1-6所示。

表 1-6 工地围墙/围挡的导入执行

序号	执行情况	具体说明
1	投放媒介	项目工地围墙或者围挡
2	投放时间	拿地后至售楼处开放前
3	投放地点	项目工地现场
4	投放要求	主画面高度不低于3米，画面过渡部分不做强制规范，若临主干道，可设置高度6~8米形象大牌，加射灯增加夜晚照明效果
4	价值输出点	品牌实力、项目案名

3. 道旗

道旗的导入执行如表1-7所示。

表 1-7 道旗的导入执行

序号	执行情况	具体说明
1	投放时间	在售楼处开放前三个月内投放
2	投放地点	城市中心至项目现场交通必经干道
3	价值输出点	品牌实力、项目案名

4. 软文

软文的导入执行如表1-8所示。

表1-8 软文的导入执行

序号	执行情况	具体说明
1	投放媒介	包括报纸、杂志、网络及新媒体端,业内大号,主要在报纸、杂志、网络及新媒体端,结合项目重大节点事件,与硬广配合投放,持续维持项目热度,保持媒体发声,并逐步扩大项目知名度
2	投放时间	从推广开始,一直持续到展厅开放前
3	价值输出点	品牌实力、品牌形象、案名发布等

5. 网络

网络的导入执行如表1-9所示。

表1-9 网络的导入执行

序号	执行情况	具体说明
1	投放媒介	常见形式有视频、长图文、海报等,可配合线下营销起势活动炒作。视网络媒体条件,可选择合适的网络媒体平台投放品牌形象与项目宣传广告,宣扬企业实力和理念,坚定购房客户的信心。突破口从历史文化、形式新颖、大众痛点等方面切入,寻找城市共鸣,实现传播
2	投放时间	从推广开始,一直持续到展厅开放前
3	价值输出点	城市特质、品牌价值、项目案名等

6. 新媒体

新媒体的导入执行如表1-10所示。

表1-10 新媒体的导入执行

序号	执行情况	具体说明
1	投放媒介	包括微信公众号、微博、抖音、快手、在线直播、百度贴吧、论坛/BBS等,通过集团/区域公司新媒体账号,对当地客群传达品牌实力和理念,形成统一的宣传声势
2	投放时间	在项目正式入市前启动预热
3	价值输出点	品牌实力、项目案名

7. 招聘长图

招聘长图的导入执行如表1-11所示。

表1-11 招聘长图的导入执行

序号	执行情况	具体说明
1	投放媒介	基于项目招聘要求，出招聘长图，在进行人员招聘的同时实现品牌宣传。投放媒介主要是项目新媒体／自媒体
2	投放时间	从推广开始，一直持续到展厅开放前
3	价值输出点	品牌实力、项目案名

8. 报纸／杂志广告

报纸／杂志广告的导入执行如表1-12所示。

表1-12 报纸／杂志广告的导入执行

序号	执行情况	具体说明
1	投放媒介	报纸、杂志，视当地媒体条件，可选择主流媒体投放品牌形象广告，宣传企业实力和理念，坚定购房客户信心
2	投放时间	从推广开始，一直持续到展厅开放前
3	价值输出点	城市发展、品牌实力、项目案名等

9. 宣传片

宣传片的导入执行如表1-13所示。

表1-13 宣传片的导入执行

序号	执行情况	具体说明
1	投放媒介	在新媒体、网络、售楼处、临时接待处或其他项目现场的视频上循环播放企业宣传片或品牌价值宣传片
2	投放时间	从推广开始，一直持续到展厅开放前
3	价值输出点	品牌实力、项目案名、项目价值等

六、营销起势活动策划

营销起势活动是项目前期首次面向潜在客户的大规模活动,是项目筹备阶段的重要营销工作,特别是对于新进城市,营销起势活动是房地产企业和项目的首次亮相,是客户首次了解公司的一个窗口。

营销起势活动集中展示了企业品牌、产品、规模和实力,营销起势活动的成功与否,直接关系着品牌和项目导入的成效,影响客户对项目的认知以及后续的拓客开展。因此,对于营销起势活动,房地产企业应该充分认识其重要性并做好各项准备和实施工作。

1. 活动形式

营销起势活动的形式一般包括但不限于图1-16所示的几种。

是各类开业仪式的形式之一,通常是一些重要的建筑物,比如大厦、场馆、亭台、楼阁、园林、纪念碑等等,在动工修建之初,采用完整无损、长方形石料作为搭建材料而举行的庆贺性活动

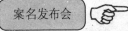
是由企业将业内大咖、有关的客户或者潜在客户、媒体等邀请到一起,在特定的时间里和特定的地点内举行一次会议,发布品牌或者项目

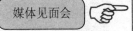
是官方、企业、学术单位或者娱乐界等机构在有事情、真相、进展需要通告社会的时候所发布的一种类似新闻发布会的会议

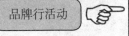
是媒体、意向客户、业内人士等组团到企业总部进行参观学习,详细了解企业品牌发展历程、企业文化以及目前企业的发展情况等,这称作品牌行活动

是企业通过策划、组织和利用具有新闻价值、社会影响以及名人效应的人物或事件,吸引媒体、社会团体和消费者的兴趣与关注,以求提高企业或产品的知名度、美誉度,树立良好品牌形象,并最终促成产品或服务销售目的的手段和方式

图1-16 营销起势活动的常见形式

2. 活动方案

活动形式确定后,撰写活动方案,在方案中需要说明活动时间、活动地点、

活动流程、推广渠道及主要传播工具、预期的效果和风险、人员物料清单及整体活动预算等。

3. 活动执行

活动执行时，务必安排应急事务的机动人员，以便做好一些临时性的查缺补漏工作、媒体接待工作及客户安抚工作。在活动结束后，为了使活动效应最大化，延续活动的影响力，应该在最短的时间内，向各新闻媒体发放新闻稿和活动图片，落实各新闻媒体的播发和发布情况，确保营销活动的圆满成功。

4. 活动总结

营销内部召开活动复盘会，确定活动到访人数、潜在客户人数以及公众号文章阅读量、转发人数等统计数据，并总结活动不足及需要提升方面，形成活动总结存档。

第二章
项目预热期营销策划

> 【章前概述】

房地产企业在项目正式入市之前，需通过各类宣传活动的造势来预热市场，分阶段有节奏地向市场推广。

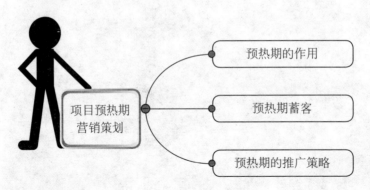

【内容解读】

一、预热期的作用

房地产市场的发展越来越理性，置业者在购房时都会反复比较和挑选，寻求性价比最高的物业，多注重眼见为实；对比于现楼，置业者对楼花的信心相对不足，因此，入市的时机一方面取决于当时市场的竞争状况，更重要地取决于入市时的工程形象和展示是否到位。这个过程就是房地产销售的预热期。

一般来说，项目在正式进入市场前都要有一个预热及提前亮相的阶段，这个预热阶段有图2-1所示的四种作用。

1 不具备销售条件，但需要提前发布将要销售的信息以吸引客户等待

2 面对激烈的市场竞争，提前预销可分流竞争对手的部分客户

3 为了在开盘时能达到开门红，先行在市场中建立一定知名度和客户基础

4 对目标客户及市场进行测试，为正式开盘时的销售策略提供准确依据

图 2-1 项目预热期的作用

二、预热期蓄客

房地产项目预热期的主要任务就是突出项目的物业主题，展示楼盘的基本情况。房地产项目的开盘不同于商场、酒店的开业，开业只是为了聚集人气，而开盘则是把长时间聚集来的人气集中释放，这个过程叫"蓄客"。

1. 项目预热蓄客的目的

房地产项目预热期蓄客的目的主要有图2-2所示的三种。

- 以项目的零售价格吸引大批购房者，实现项目批量销售，追求利润最大化
- 营造火爆的开盘氛围及众多购房者热衷于本项目产品的势头
- 促进开盘热销期完成回款目标，减轻销售压力

图 2-2 项目预热蓄客的目的

2. 项目预热蓄客的条件

房地产项目进入预热期前，要具备图2-3所示的几项条件。

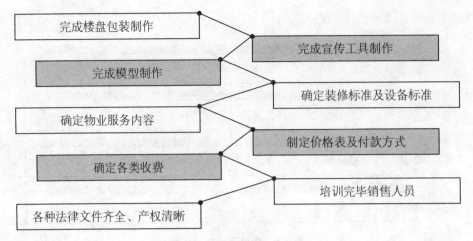

图 2-3　项目预热蓄客的条件

三、预热期的推广策略

项目预热阶段的推广策略主要是整个项目的形象推广，不涉及具体的情况，是让目标客户知道项目的主题概念和倡导的生活方式等。这个阶段是整个项目的档次、定位的最重要的阶段，是项目可持续发展的基础（价格、人气、客户），因此要注重形象包装。需要进行售楼处、楼书的设计及样板的制作，并包括适量的广告推广，如有必要还可以进行电子楼书的准备工作。

> **小知识**
>
> 这个阶段广告公司的工作显得特别重要，它不是简单地将发展商和代理商所创设的主题通过平面方式表现出来，更重要的是如何让消费者能够接受项目的主题。

在预热期主要是将项目信息传达给消费者，通过多种有效可行的推广办法，提高项目的知名度，吸引有意向的客户群体，为楼盘建立潜在的客户群体。以扩大项目知名度和促进销售为目标，重点利用和宣传开发商实力，为树立项目品牌做好铺垫，尽快奠定此项目在人们心目中的品位、档次和形象，也为后阶段价格调整埋下伏笔。在预热推广阶段采用以市区最大化宣传来向市场告知本项目的信息，通过销售资料（海报、楼书等）的制作，展开客户的挖掘工作。可用策略如图2-4所示。

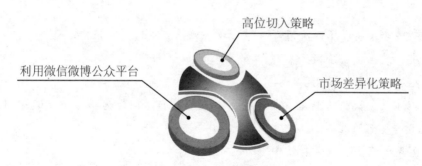

图 2-4 项目预热期的推广策略

1. 高位切入策略

区域谋局,着眼品牌运营,获取超越其他楼盘的利润,形成项目品牌美誉度。用发放海报、制作楼书等形式用领先周边市场的"高品质、高形象、高舒适度"的产品形态,进行项目的宣传,以区隔整个区域市场,达到"人无我有、人有我优"的优良产品质素,形成市场竞争真空的区域领导品质,获取众口称赞的口碑效应。

2. 市场差异化策略

产品谋局差异化是决定房地产项目产品是否物超所值的关键,特别是在房地产项目市场中,"物超所值"和"高人一筹"的产业品质,是打动消费者的利器,因此寻主题差异、产品差异,在一定程度上可形成本项目的核心竞争力。

3. 利用微信微博公众平台

利用网络媒体进行宣传,申请微信、微博公众号,建立微信门户后,获得专属的微信二维码,然后将二维码应用到各种媒体中,让所有的媒体都成为收集客户的通道,提高广告转换率,并通过该渠道对项目的目前情况及各种优惠活动进行实时更新,旨在让客户尽可能参与现场,进行二次宣传,为本项目积累潜在客户群体,提高客户对项目的认知度。

【行业参考】▶▶

××房地产项目预热期营销推广策略

结合××市房地产市场特点及项目开发时序等因素,项目预热期必须在2个月之内实现既定目标,预热期营销推广步骤分成三个阶段:第一阶段——展示攻击、第二阶段——核心攻击、第三阶段——推广攻坚。

一、展示攻击阶段

1. 展示攻击阶段主要目标

以市区最大化宣传来向市场告知本案的信息。同时为项目一期进入销售阶段做好全面的准备。

2. 展示攻击阶段主要任务

为树立"××世纪城"项目品牌做好铺垫；完善销售中心、工地现场的包装，销售资料（海报、楼书）的制作；展开客户的挖掘工作。

3. 第一攻击波——开始摸底

以"××世纪城"项目开工为契机，全面传递项目正式启动的信息；在"××世纪城"项目开工同时，针对市区内政府机关、企事业单位及商户进行直拜，对有意向的客户进行预约登记。

（1）传播形式。××电视台新闻报道，××晚报、××日报新闻报道。

（2）开始时间。依照项目建筑工程启动时间，开工后两周之内完成。

4. 第二攻击波——广告媒体及海报

××市区客户主要的信息来源是相互间的口碑传播，其次是传单和户外广告的宣传。因此除加强口碑传播，还应以传单和户外广告为传播渠道进行针对性地宣传，突出项目的优势及卖点，进一步提高项目的知名度。

（1）海报投放。海报传单具有内容调整灵活、使用方式多样的优点。"××世纪城"项目预热期营销推广应该充分运用这个特点进行有针对的传播和发放。

发放频次：每周2次的频次进行发放；

发放地点：选取××为中心的××最繁华的商业区；

发放时间：每周六、日为发放日，发放时间为上午11：00-13：30分。每日发放不少于1000份；

发放对象：发放给商业区购物的消费者（而非商家业主），以保证最大的传播覆盖率；

传单内容：内容符合推广策略中既定的推广主题要求。

开始时间：项目开工即日开始，为期1个月。

（2）户外及公交广告。

① 沿路设立公益性广告牌。由于项目整体形象定位"跨越'世纪'的人

居梦想"与××市政府"城市新区开发"的精神相吻合，借助政府名义设立××市政府宣传栏将是最佳展示项目形象的媒体。

② ×街（××大街）灯杆广告：沿×街自西向东由××火车站至市标发布项目灯杆广告。

③ 车体及车厢广告：××市内公交1、2、3、7线路发布车体及车厢广告。

户外及公交广告开始时间：项目开工后两周之内全部安装完毕。

5. 第三攻击波——项目炒作

（1）举办"项目推介会"。项目推介会选择在"××会馆"举行，邀请已预约登记的客户参加。邀请客户工作须在"推介会"一周之前进行。"项目推介会"还需邀请政府主管城建的领导、新闻媒体记者参加。"推介会"以社区规划、户型设计、物业管理为推介点分别由总工程师、销售经理负责主讲。

（2）工地现场包装。"××世纪城"项目自身同样是良好的广告载体。利用项目自身的位置分别进行针对项目周边的业主及外部客群的宣传，在吸引客户的同时，更能起到良好的口碑传播作用，使消费者不会误认项目位置（目前××市民误认项目为××三期）。

（3）临时销售中心。由于项目尚未动工，销售中心的落成尚需时日。必须尽快选择××市繁华地带设立临时销售中心，做好销售接待中心的形象设计，增强目标客户群体对项目的信心。同时完善现场包装，销售展示道具全部进入售楼中心，如：主形象板、沙盘、分户模型、销售资料台、展板、洽谈区、户外大型条幅等。并在临时销售中心启动当日举办大型的宣传活动。

项目炒作阶段工作时间：在新闻媒体、户外媒体、公交广告两周之后进行。

二、核心攻击阶段

经过展示攻击阶段的运作，项目概念炒作已具有震撼性，并初步塑造出项目品牌形象，达到了轰动效应及品牌效应，迅速扩大项目在××市区的影响，做到家喻户晓，预计可达到竞争对手和潜在对手坐立不安的效果。

1. 核心攻击阶段主要目标

以××市全境最大化广告宣传向市场推广"××世纪城"的项目品牌。同时开发10镇4乡客户资源。

2. 核心攻击阶段主要任务

展开内部认购，稳定预约客户。扩大广告宣传的覆盖范围，挖掘潜在客户。

3.第一打击点——媒体整合

以海报、公交、电视、户外、销售资料等形式展开高密度强攻，所有广告媒体量达到高峰。同时增加市区内的楼体广告、高速公路高空圆柱广告。

媒体整合时间：内部认购之前。

4.第二打击点——展开内部认购

内部认购活动，主要以"展示攻击阶段"积累的客户为主，并在内部认购过程当中收取客户定金。利用内部认购制造轰动效应，为后期整体销售创造良好局面，一举丰收前期酝酿成果，将预热期宣传推广工作推向高峰。

内部认购时间：根据预约登记客户的数量待定。（预约登记达到100位客户以上）

5.第三打击点——开发乡镇市场

在媒体整合工作展开之后，营销推广工作将面向××市所辖的××、×××、××、×××、××、×××、××、×××、××、×××10镇及×××、××、××、×××4乡展开。

面向乡镇的营销推广工作除进行有效的郊区客车广告宣传之外，根据乡镇不同的地理位置、经济水平、人口数量、产业结构的排名逐级开发。每个乡镇的集市区将成为项目宣传的聚焦地，推广的形式以派发海报为主。

开发乡镇市场时间：内部认购工作结束之后即刻进行。

三、推广攻坚阶段

经过展示攻击、核心攻击阶段的努力，面对现实需求客户的推广工作暂可告一段落。但仍需保持项目的市场关注度，延续营销推广气势；随着核心攻击的落幕，推广攻坚阶段的工作将全面展开。

1.推广攻坚阶段主要目标

深度挖掘潜在客户，依托不同行业和社会阶层的信息交流渠道推广项目信息。同时将项目信息传递到在××地区工作的××市民。

2.推广攻坚阶段主要任务

将"××世纪城"项目宣传工作扩大到××地区。挖掘××地区的潜在客户。

3.第一攻坚点——按行业推广

针对××市企事业单位展开定向团购，尤其是垄断行业石油、电信、电力等企业，以调查问卷形式作为切入点，通过调查问卷反馈的信息来界定不同的目标客户群体并分类组织团购（此项工作需与企事业单位工会组织配合）。

××市农业发展水平较高，近年来，农业家庭收入日益提高。主要从事奶牛及家禽养殖的农民，经济较富裕，由于畜牧业的发展，相继带动了××市兽医药、饲料行业的快速发展。无论从事畜牧养殖的专业户还是从事兽药饲料的商家，均具有一定的置业能力及改善居住环境的心理需求。由于这些商家及养殖专业户经营场所较为分散，挖掘这部分客户将通过行业协会组织进行渗透。

行业推广开始时间：内部认购结束之后。

4. 第二攻坚点——××地区推广

××市与石油名城××相距不远，同属一个经济区，两个城市接壤线全长75公里。××通往××的交通极为便利，铁路、哈大高速四通八达，使××成为×××省西南部的交通枢纽。

××市常住居民中有近万人长期在××市从事商业经营，由于两地相距较近，每日××至××的铁路通勤人员均在5000人以上。

××市往返××的火车每日达34次之多，多数旅客都是晨起乘火车去××工作，晚上乘坐火车返回××。

预热期××地区的推广目标是将"××世纪城"项目信息传达给在××工作的××常住居民。推广方式采用在火车站派发海报（由于火车站的2块广告牌被"××新城"占用，暂时采用海报派发方式），派发日期安排在每周五至周日，时间安排在12～14点，16～18点。××地区推广日程安排：4月第三周至5月初。

5. 第三攻坚点——教育机构推广

"××世纪城"目标客户群体中核心家庭的比例较大，其家庭子女多数在校中小学生。针对小学生及初中生展开推广可达到事倍功半的效果。

首先以项目在建的××体育场为切入点，面向中小学生征求有奖建议。以"×××房地产开发公司"的名义对特困中小学生进行助学帮助（限市区内学校，助学人数不超过5名）。针对教学质量较高的重点小学、重点中学的学生展开"有奖知识竞赛"活动，以此在众多的家长心中树立企业形象，使"××世纪城"的形象由学生的口碑传播转入每一个核心家庭。

教育机构推广日程：根据预热期整体推广效果待定。

第三章
项目开盘期营销策划

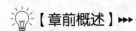【章前概述】

开盘是对项目前期市场定位和营销推广的集中检验,是房地产企业调节供需关系的有效手段。

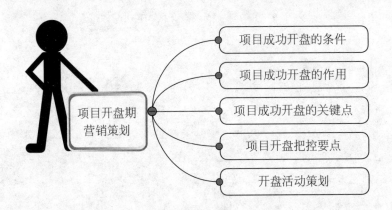

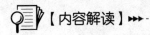【内容解读】

一、项目成功开盘的条件

项目成功开盘有赖于企业对市场的准确判断和把握、项目价值传递的效果、有效的客户积累、合法的销售许可等多方面的准备工作,图3-1所示的三大基础条件尤为重要。

取得政府销售许可文件		房地产开发商在房地产市场上销售商品房，必须具备一定的条件，并且按照有关的规定在房地产管理部门办理商品房销售的各种手续
良好的前期推广		开盘前期的营销推广，是为开盘蓄势，是保证首期开盘成功的重要条件
充分有效的客户储备		针对目标客户进行价值信息的有效传递，实现客户积累，从而采取适当的价格和方式对外集中销售

图 3-1　项目成功开盘的条件

二、项目成功开盘的作用

开盘成功一般能够实现图 3-2 所示的目的。

- 在当地建立品牌知名度和美誉度，并树立市场信心
- 为项目后续其他类型产品热销打下坚实基础
- 通过认筹等动作，以合适的价格获得合理的成交量
- 完成项目决策文件指标
- 建立团队的信心，为后期销售奠定良好的基础

图 3-2　开盘成功的目的

三、项目成功开盘的关键点

项目能否成功开盘，房地产企业应考虑到图 3-3 所示的五个关键点。

图 3-3　项目成功开盘的关键点

1. 开盘目标

开盘目标是指开盘当天的成交套数、成交比例。一般来说，项目在开盘强销期的工作目标是实现首个销售目标，迅速回收启动资金。

制定开盘目标需考虑图 3-4 所示的因素。

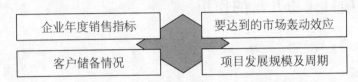

图 3-4　制定开盘目标需考虑的因素

2. 开盘范围

开盘范围是指在项目开盘时，向市场推出的首批可售单位的集合。确定开盘推售范围的原则如图 3-5 所示。

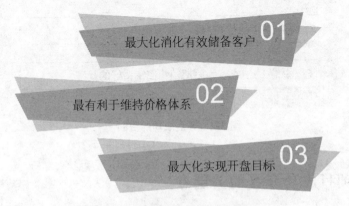

图 3-5　确定开盘推售范围的原则

3. 开盘定价

开盘定价包括开盘均价及各单位具体价格的制定。一般情况下，先定开盘均价，再根据价格系数制定各单位的具体价格。

对于新开楼盘，开盘前要经过多次价格论证，在各单位单价范围的基础上，调整得出具体价目表，并计算出开盘均价。可参考图3-6所示的步骤进行。

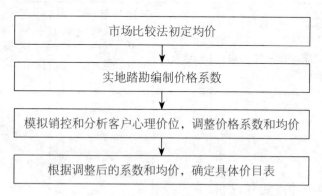

图 3-6　开盘定价步骤

4. 开盘时间

对于房地产来说，入市的时机选择非常关键，且选择的余地不像其他产品那么宽广，而是相对较窄，时机选择如果失当，就可能导致整个营销的失败。

有以下几种楼盘最佳入市时机可供选择，具体如图3-7所示。

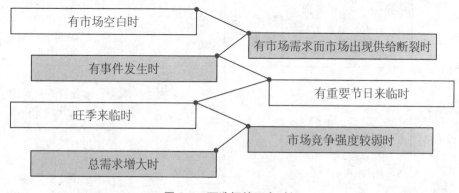

图 3-7　可选择的开盘时机

5. 开盘方式

常用的开盘选房方式有排队、抽签、诚意金顺序法等，不同的开盘方式有不同的适用条件和开盘流程。不同的选房方式，其操作方法与适用条件也各不相同，具体如表3-1所示。

表3-1　多种开盘销售方式比较

销售方式	基本做法	储备方式	适用条件	注意事项
摇号选房	开盘现场通过公开摇号（抽签）确定客户购房顺序，按顺序让客户进场选房	不排序认筹	比较适用于认筹客户数量较多的情况，客户数量与推盘数量之比一般不低于1.5∶1	避免过多客户不到场而出现冷场的局面；注意整个操作的公正性与透明度
分组摇号选房	将认筹客户预先分组，每组控制在8~12人，开盘现场通过公开摇号（抽签）确定各组别入场的先后顺序，同组内客户按交筹的先后顺序选房	不排序认筹	适宜客户诚意度非常高；供应需求数量都很大	注意整个操作过程的公正性与透明度；要清楚告知客户选房的具体流程
排队（按到场顺序选房）	预先告知客户开始选房的具体时间，按客户到场的先后顺序进行选房	不排序认筹	忠诚客户较多，容易在卖场形成人龙；客户不抵触此类方式；由于客户比较辛苦，观望市场及高端项目要慎用	对外说法要明确是客户自愿行为，我方之前没有预计到；注意在现场为客户提供便利服务，避免客户抱怨，相互之间发生纠纷
按认筹顺序选房	在规定的开盘时间内，按客户认购筹码的先后顺序进行选房	排序不选房认筹	客户比较理性；认筹客户数量≤推盘数量	注意通过房源推介鼓励后期客户认筹；注意开盘现场的气氛营造，刺激客户集中成交
按筹码对应房号选房（一对一）	客户认购的筹码与推出房源一一对应，开盘时客户只能选购筹码所对应的房号	排序选房认筹（一对一）	需求＜供应高端市场较适合	与客户的沟通至关重要，要保证客户对房源信息的充分消化；由于认筹时已进入实质性的房源推介阶段，要保证认筹单位的高成交率；开盘单位定价要与客户需求比较吻合，避免客户流失

续表

销售方式	基本做法	储备方式	适用条件	注意事项
按筹码对应房号选房（多对一）	开盘推出的单个房源与多个客户认购筹码（控制在5个以内）相对应，开盘时根据抽签确定客户购房顺序，客户只能选购筹码所对应的房号	排序选房认筹（多对一）	客户对房源品质有较高要求，需要进行房源推介，适当分流；对客户需求判断有充分把握，需要保证推出房源的高成交率；需求＞供应	与客户沟通，保证客户对房源信息充分消化；由于认筹时已进入实质性的房源推介阶段，要保证认筹单位的高成交率；注意整个操作过程的公正性与透明度
有意向认筹，尽快成交，开盘集中签约	客户认筹时在开盘推售范围内选定意向单位，在取得销售许可后尽快分别成交，开盘时集中签约	排序选房认筹（松散）	需求≤供应 高端市场较适合	客户认购筹码与意向单位对应，没有强制性，一个筹码可能对应1～3个意向单位；尽快分别成交，主要防止客户出现流失，减少不必要的集中蓄客时间；开盘集中签约形式非常重要，关键要提升人气，扩大影响力

说明：

在摇号选房、分组摇号选房、按认筹顺序选房及按筹码对应房号选房（多对一）的销售方式中，为了有效地避免由于客户未到场而造成的现场跳空现象，从而影响现场客户的购房信心，一般会安排到场客户预先进行换筹，在对有效客户进行梳理后，再按原定的销售方式进行选房。

四、项目开盘把控要点

房地产企业在开盘时，需要把握的要点，具体如图3-8所示。

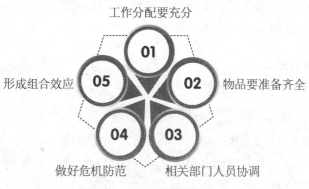

图3-8　项目开盘把控要点

1. 工作分配要充分

有的房地产企业在开盘时，弄得手忙脚乱，有的甚至一团糟。主要就是在人员工作分配上没有到位，这是管理上不够细致周密所导致的。开盘是房地产企业第一次正式向社会公开露面，开盘仪式组织得如何，直接影响到楼盘本身的形象。

房地产企业在开盘前要做好人员的详细分工，保障每个人员在开盘现场都能够各司其职，最好在开盘前安排一次彩排，以防在开盘现场出现混乱局面。

2. 物品要准备齐全

一个楼盘开盘，需要购置、准备大量的物品。物品种类非常多，要按各个环节列出物品、设备、设施清单，然后安排人员购置与准备。购置、准备完毕后，要指派专人负责清点一次，保障物品与设备、设施的到位，并且在开盘的前一两天，要将各物品、设备、设施搬运到指定地点与位置，不能等临时需要时才去寻找、调拨。

3. 相关部门人员协调

开盘仪式是一个相对较大的公关活动，涉及范围较广、人员较多。因此做好仪式现场的协调就显得十分重要。要安排专人负责现场的协调与调度工作，一是协调各人员之间、各部门之间的关系，二是防止出现不测及处理突发性事件。

4. 做好危机防范

开盘，每个房地产企业都很难保证现场一定会很热闹，因此要制订危机防范措施，尤其是冷场防范措施，以防止或者快速妥善地处理出现的危机。不过，大多数房地产企业都没有危机防范措施，这是很不正常的，一旦出现意外时，就会严重损害企业形象甚至影响销售。

5. 形成组合效应

开盘的策划方案要系统化、组合化，避免单调，要将各种活动有机地衔接在一起，让整个开盘仪式看起来像是一台大型的晚会，各个子系统既相互独立，又融会贯通。尤其是售楼大厅的销售场面要作为重中之重，进行系统策划，令场面热而不闹。至于选择什么样的开盘仪式，关键是与房地产企业、与楼盘、与售楼部大小等各要素相匹配。

五、开盘活动策划

开盘活动策划方案是房地产企业在短期内提高销售额，提高市场占有率的有效行为，如果是一份创意突出、具有良好的可执行性和可操作性的开盘活动策划方案，无论对于企业的知名度，还是对于品牌的美誉度，都起到积极的提高作用。

开盘活动策划方案是相对于市场策划案而言的，严格地说它是从属于市场策划案的，它们是互相联系，相辅相成的。它们都从属于企业的整体市场营销思想和模式，只有在此前提下做出的市场策划案和开盘活动策划方案才是具有整体性和延续性的广告行为，也只有这样，才能够使受众群体认同品牌文化内涵，而开盘活动策划方案也只有遵从整体市场策划案的思路，才能够使企业保持稳定的市场销售额。

开盘活动策划方案形式多样，针对不同的企业情况和市场分析，可以衍变出无数的形式。写出一份理想的开盘活动策划方案需要注意如图3-9所示的几点。

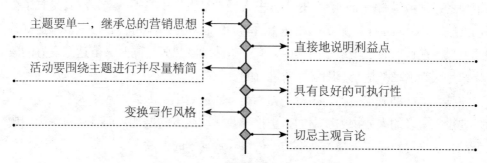

图 3-9　开盘活动策划方案的要点

1. 主题要单一，继承总的营销思想

在策划活动的时候，首先要根据企业本身的实际问题（包括企业活动的时间、地点、预期投入的费用等）和市场分析的情况（包括竞争对手当前的广告行为分析、目标消费群体分析、消费者心理分析、产品特点分析等）做出准确的判断，并且在进行SWOT分析之后，扬长避短地提取当前最重要的，也是当前最值得推广的一个主题，而且也只能是一个主题。在一次活动中，不能做所有的事情，只有把一个最重要的信息传达给目标消费群体，正所谓"有所为，有所不为"，这样才能把最想传达的信息最充分地传达给目标消费群体，才能引起受众群关注，并且让受众群较容易地记住你所要表达的信息。

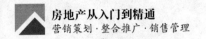

2. 直接地说明利益点

在确定了唯一的主题之后，受众消费群体也能够接受所要传达的信息，但是仍然有很多人虽然记住了广告，但是却没有形成购买冲动，为什么呢？那是因为他们没有看到与他们有直接关系的利益点，因此，在活动策划中很重要的一点是直接地说明利益点，如果是优惠促销，就直接告诉消费者你的优惠额，而如果是产品说明，就贩卖最引人注目的卖点，只有这样，才能使目标消费者在接触了直接的利益信息之后引起购买冲动，从而进行购买。

3. 活动要围绕主题进行并尽量精简

很多策划文案在策划活动的时候往往希望执行很多，认为只有丰富多彩的活动才能够引起消费者的注意，其实不然。

其一，容易造成主次不分。很多市场活动搞得很活跃，也有很多人参加，似乎反响非常热烈，但是在围观或者参加的人当中，有多少人是企业的目标消费群体？而且即使是目标消费群体，他们在参加完活动之后是否纷纷购买产品？一些策划者经常抱怨的一个问题就是，很多人经常是看完了热闹就走，或者是拿了公司发放的礼品就走了。其实问题在于活动的内容和主题不符合，所以很难达到预期效果。在目前的市场策划活动中，有一些活动既热闹，同时又能达到良好的效果，是因为活动都是紧紧围绕主题进行的。

其二，活动成本提高，执行不力。在一次策划中，如果加入了太多活动，不仅要投入更多的人力物力和财力，直接导致活动成本的增加，而且还有一个问题就是，容易导致操作人员执行不力，最终导致案子的失败。

4. 具有良好的可执行性

一个合适的产品，一则完美的创意策划，再加上一支良好的执行队伍，才是成功的市场活动。而执行是否能成功，最直接和最根本地反映了策划案的可操作性。策划要做到具有良好的执行性，除了需要进行周密的思考外，详细的活动安排也是必不可少的。活动的时间和方式必须考虑执行地点和执行人员的情况，进行仔细分析，在具体安排上应该尽量周全，另外，还应该考虑外部环境（如天气、民俗）的影响。

5. 变换写作风格

一般来说，策划人员在策划案的写作过程中往往会积累自己的一套经验，当然这种经验也表现在策划书的写作形式上，所以每个人的策划书可能都会有自己的模式。但是往往就是这样的模式限制了策划者的思维。没有一种变化的观点是不可能把握市场的。在策划书的内容上也同样应该变换写作风格,如果同一个客户三番五次地看到你的策划都是同样的壳子,就很容易在心理上产生一种不信任感,从而有可能影响策划案的创意表现。

6. 切忌主观言论

在进行活动策划的前期,市场分析和调查是十分必要的,只有通过对整个市场局势的分析,才能够更清晰地认识到企业或者产品面对的问题,找到了问题才能够有针对性地寻找解决之道,主观臆断的策划者是不可能做出成功的策划的。同样,在策划书的写作过程中,也应该避免主观想法,切忌出现主观类字眼,因为策划案没有付诸实施,任何结果都可能出现,策划者的主观臆断将直接导致执行者对事件和形式产生模糊的分析,而且,客户如果看到策划书上的主观字眼,会觉得整个策划案都没有经过实在的市场分析,只是主观臆断的结果。

最后,一次促销不可能达到巨大的效果,也不能因此就建立起名牌,所以千万别想通过一次活动解决所有的问题,一次活动只能主要解决一个问题,在品牌的建设和商品的销售上,只有坚持正确的营销思想,并且在此思想下在适当的时间和适当的地点进行适当的促销活动,才能使企业更快更好地继续发展下去。

【行业参考】▶▶

××广场开盘盛典策划&执行方案

开盘活动不是目的,达到最大化的成交量才是真正的目的,所以每一次开盘活动都是为了将一些潜在客户充分地挖掘出来,让潜在客户都变成真正客户,此次开盘就是对潜在客户聚集能量的一次有效释放,所以此方案的目的就是通过现场的精心布置、抽奖活动、纪念品发放以及精彩的文娱演出让客户更高兴、更放心、更满意地购买××广场的商铺。

一、活动策划背景

××广场开盘时间确定在9月28日。一、目前已聚集一批潜在客户;二、工程已启动已有一段时间,人们可以通过实地观察看到现场的改变;三、正值国庆长假的前夕,是人们购房活跃的季节,通过一些促销活动会极大地吸引人们的参与,引出一个火爆的场面;四、开盘活动所带来的很好的销售场面可以激活开盘之后的火爆场面,通过系列的报道和广告宣传可带来后期的持续销售局面。综合以上四点，选择这个时机是比较合适的。

二、目的

（一）促进销售

1. 提高到场参加活动的人数。
2. 提高到场人员的当日成交量。
3. 促进后续的稳定成交量上升。

（二）树立良好形象

1. 形成火爆场面。
2. 尽可能地让××市民关注这次活动。
3. 提高公司和××广场的知名度。

三、策略思考

1. 确保开盘仪式开始时人气鼎沸

策略：先到的300名排号客户均赠送价值40元的××广场文化衫。

2. 始终保持现场人气

策略一：大气和具有热烈氛围的现场布置。

策略二：主持人与观众轻松的现场互动游戏。

策略三："业主同欢庆"大奖抽取活动。

3. 保持活动前后的热烈氛围

策略：着重对红旗大街××广场左右进行装扮，通过报纸、电台、网络对此次活动进行软文、正面广告、专题等形式的有效控制的报道和讨论。

四、宣传主题

主题：红旗街+"一站式"购物广场+全球知名物业管理公司+投资经营公司+50年产权=100%获利保证

××市首个旧城改造重点项目

××市商业黄金地段

"一站式"体验消费模式

龙头主力店强势进驻

全球知名物业管理公司

××首个投资经营公司

副标题：五重大礼同时赠送，贺××广场隆重开盘

五、内容

1. 先到的300位客户赠送××广场开盘纪念文化衫。
2. 开盘典礼仪式。
3. 排号选房（具体流程见附件一）。
4. "业主同欢庆"大奖抽取活动（具体内容见附件二）。

六、活动简单流程

7点之前现场活动道具安装完毕。

7:30 公司员工到场，按照各人分工进行自己的工作。

9:00 开盘盛典正式开始。

9:40 正式选房。

11:00 三等奖抽取开始。

12:00 午餐时间。

12:30 主持人上台宣布下午选房开始。

13:00 二等奖抽取开始。

15:00 一等奖抽取开始。

详细流程见附件三。

七、预算

略。

八、危机问题预防与处理

1. 天气情况

预防：提前五天与气象台取得联系，预测活动当天的天气情况，如若整体趋势不好，则有必要公司开会讨论做何安排。如果预测天气不错，每天仍要关注天气变化，以防万一。

2. 有对公司不满的人员到现场蓄意捣乱

预防：物业保安在门口应做好站岗工作，同时签到处做好登记工作。活动现场必须有专门负责控制现场秩序的负责人。

3. 对于错过选房时间的排号客户的处理方法

排队不按人数，只按序数。错过选房时间的人安排在其到来时正在准备的一组共同进行。

附件一：开盘当日选房流程（略）

附件二："业主同欢庆"大奖抽取活动（略）

附件三：选房大会当天工作流程（略）

第四章
项目强销期营销策划

【章前概述】

强销期将是营销推广的高峰期,房地产企业应进行大规模的广告投入和促销活动,对楼盘进行强势推广和促销。

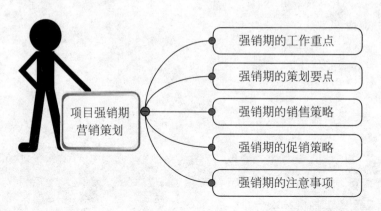

【内容解读】

一、强销期的工作重点

直白地说,强销期就是指楼盘刚推出,房源充足,正在热推的时期。一般这个时期的购房者都比较多。

在项目强销期,所有营销工作都围绕着完成既定的销售目标而展开,这个阶段的工作重点如图4-1所示。

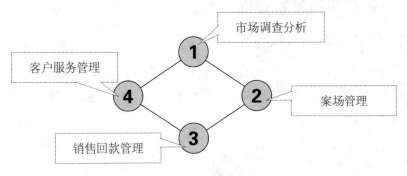

图 4-1　强销期的工作重点

1. 市场调查分析

在强销期进行市场调查，就是为了有针对性地解决销售过程中出现的销售不均衡，而采取的有侧重的市场调查活动。

为了了解项目在市场上的表现，需要通过分析市场排名和市场份额来判断销售工作的优劣势，从而指导后续的销售工作。

2. 案场管理

强销期间，销售工作的绩效表现对于整个营销工作来说至关重要。此时，销售部门要加强案场管理，主要包括接待、轮排等情况，着重加强销售人员行为规范准则、例会制度的管理。

对案场卫生、员工士气、接待质量、来电来访登记、客户回访率、客户满意度等方面加强管理。

3. 销售回款管理

在强销期，销售部门不仅要提升合同销售额和市场占有率，同时还要关注销售额的质量，也就是销售款的回收比例。另外，销售部门应对此制定按揭办理以及后期的违约月供收缴的标准流程，并制定相应的管理细则。

4. 客户服务管理

合同签订后，客户就成为房产项目的业主。房屋交付后，销售或客服人员应该在一周内与业主电话或短信联系，表达问候和祝贺，询问其是否需要有关证件办理等方面的帮助。

二、强销期的策划要点

强销期一般在项目开盘至开盘后两个月内出现,此阶段的项目销售已经进入高峰期,市场认可度很高,消费者接受度也随之提高,成交量呈上升趋势。在此阶段,销售部门就要着力于项目策划,以让销量更上一层楼。策划过程中,可注重图4-2所示的要点。

图4-2 强销期的策划要点

1. 确定项目概念设计策略

所谓概念营销,是指着眼于消费者的理性认知与积极情感的结合,通过导入消费新观念来进行产品促销。目的使消费者形成新产品及企业的深刻印象,建立起鲜明的功用概念、特色概念、品牌概念、形象概念、服务概念等,增强企业的竞争性实力。

楼盘概念是指策划人对楼盘的一种思维的表现形式。在对楼盘的认识过程中,把能感觉到的关于楼盘的特点提炼出来,加以概括,就成了楼盘的概念。楼盘的概念要反映出楼盘的本质特征,卖得好的楼盘靠的就是概念与品质的合力。概念可以吸引眼球,品质可以让买家心动。

与一般营销相比,概念营销更能把握消费者的需求,更能抓住产品的本质特征,也更能把完整地表达项目的诉求点,从而有利于实现项目和消费者产生共鸣。

2. 确定销售策略方案

在对项目做了一系列的认知、了解与研究之后,对项目就有了全盘把握,这时就可以开始制定销售策略了。在制定销售策略时要遵循图4-3所示的几个原则。

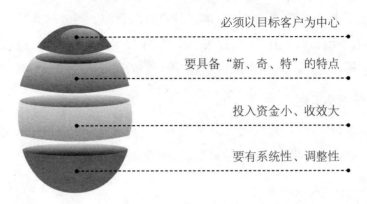

图4-3　制定销售策略的原则

3. 前期策略分析与方案调整

房地产的推广策划，需要对项目本区域的竞争市场及需求市场进行可行性分析，以确定本项目的优劣势，进一步确定项目强弱势，明确目标客户群的定位，适时调整前斯制定的推广策略。根据市场确立广告宣传策略及入市时机，确立一系列的公关活动，并制订一系列的广告监控计划。

三、强销期的销售策略

在楼盘销售的强销期，销售部门应大力策划各种销售策略，以进一步提高楼盘的销量。具体如图4-4所示。

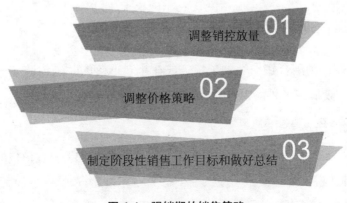

图4-4　强销期的销售策略

1. 调整销控放量

销控，即保留房源。一般的项目都会有一定比例的房源留到项目销售后期。在楼盘营销的整个过程中，应该始终保持良好的房源，可分时间段根据市场变化，按一定比例面市，这样可以有效地控制房源，而且当后期的好房源面市时，正处于价格的上升期，还可以取得比较好的经济效益。

2. 调整价格策略

在产品的营销过程中，基于市场情况的变化以及企业自身目标的调整，需要对后续推出的房源价格进行适时的调整。这种调整分为图4-5所示的两类。

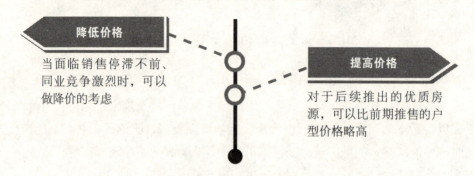

图 4-5　价格调整的类型

3. 制定阶段性销售工作目标和做好总结

强销期间，销售部门应制定阶段性销售工作目标和做好总结。将前期工作成果迅速传播并告知客户，评价并适当调整销售目标。

四、强销期的促销策略

在强销期，为配合销售达到顶峰，或在相对低落的时候创造又一个销售高潮，销售部门要制定各种促销方案。具体如图4-6所示。

1. 细化价格

强销期间，对于项目销售价格和促销策略应做相应的调整，价格的制定更细化到位置、楼层、结构上。促销原则保持在开盘基准价三个百分点的上升空间或三个百分点的下降范围内。

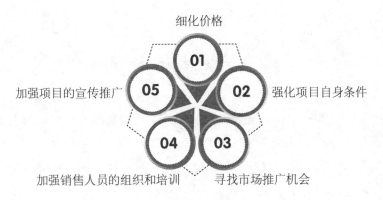

图 4-6　强销期的促销策略

2. 强化项目自身条件

强销期间,除了外围市场的巩固和开拓之外,还须强化项目自身。

比如,银行按揭贷款应尽快办理,商品房测绘报告必须要求在项目取得商品房预售许可证之前完成。

3. 寻找市场推广机会

强销期间,要因地制宜地寻求最恰当的市场推广机会,适时地与中国传统的民风、民俗、节庆日相互连接,推出项目。在宣传推广的跟进上要充分地利用一对一促销来加强推广的实效。

4. 加强销售人员的组织和培训

强销期间,销售部门应每月制订当月的销售培训计划,有效地组织和安排培训工作,加强项目的相关培训。

5. 加强项目的宣传推广

这个阶段的宣传推广主要是预热期的形象推广与实际楼盘的品质相结合,进一步深化项目主题,并让消费者切身感受到宣传是实实在在的。

比如,对于居住环境的宣传可结合园林的规划设计,生活空间的畅想可结合户型,生活的方便快捷可结合社区内外的配套等不同的方式进行。

这个阶段的推广主要是以广告推广和活动推广为主,广告推广主要是积聚大量的人气,而活动推广可以丰富项目的主题,获得目标客户的认同感。

【行业参考】

××房地产项目强销期推广计划

进入9月份，××项目持销期开始了，为了配合销售，各项宣传推广工作必不可少，"广告+活动"仍然是项目营销推广的重要手段。此阶段广告投入量会加大，基本以报纸广告和电视广告为主，其他为辅；活动将针对几个大的销售节点，通过实实在在的、能够吸引目标客户群体的举措，来达到项目的真正热销。

一、推广时间

2015年9月上旬～2016年春节前。

二、推广目的

通过对概念、产品、服务多层次、多角度地挖掘宣传，开展促销活动，充分激起客户的购买欲望和决心，真正达到产品旺销。

三、推广思路

本阶段将是营销推广的高峰期，结合以下五个重大促销期进行大规模的广告投入和促销活动，对楼盘进行强势推广和促销。一是中秋节促销期，二是国庆节黄金周，三是××2015年秋季房交会，四是圣诞节至元旦黄金周，五是春节前夕。围绕这五个时间节点的促销活动和宣传活动此起彼伏，形成若干次的宣传高潮，利用好这五个时间节点的宣传，力争达到若干次的销售高潮，从而在市场上树立起公司和项目的知名度和美誉度。

四、广告宣传

本阶段持续时间长，将是广告宣传的高峰期，在广告投放上将会达到一个顶峰。广告方面以报纸广告为主，电视广告、杂志、户外广告、电台广告、网络广告、导示牌为辅。

1. 报纸广告

建议一周一次报纸广告，硬广告与软广告相结合，以硬广告为主。广告宣传重点突出项目的优势：地段（适宜居住的南部概念，拥有清新美丽的自然环境、便利的交通和完善的生活配套）、产品（设计合理超前的户型）和服务（置业全过程服务、星级物业管理、菜单式装修）。与此同时，将围绕每一次活动进行具体宣传。

媒体选择方面，根据前段时间广告效果分析，报纸媒体将以××晚报、

××时报和××日报为主,××商报、××信报和××周刊为辅。因上一次夹报广告效果较好,此阶段将会做两次夹报,选用××晚报、××日报和××商报。投放计划根据上述原则具体安排(8月底提供)。

2. 电视广告

在××电视台《××房产报道》、××电视台体育频道《××置业》、××电视台《安居乐业》三个栏目选择一到两个,进行项目立体宣传,包括形象宣传、信息发布、活动集锦。

3. 杂志

主要在《搜房家天下》做一次企业和项目的形象推广(×总作为封面人物)。

4. 户外广告

以条幅广告为主,主要根据项目工程的进展和各种优惠措施,达到广而告之和渲染施工现场气氛的目的。

地点及数量:工地现场(围墙、楼体外墙)若干条。

5. 电台广告

可选择××广播电台,利用某一个强势栏目或整点报时或半点报时,同时宣传××项目和××花园。一是提高公司和项目知名度,二是可分摊单个项目的推广费用。

6. 网络广告

从公司长期战略发展考虑,应设计制作公司网页。同时可与××搜房网建立长期合作关系,对公司和项目进行及时有效的宣传。

7. 导示牌

在××项目主入口前设立一块项目导示牌,风格同销售中心保持一致。

五、活动策划

略。

五、强销期的注意事项

强销期一般为项目正式进入市场开始销售,在此阶段项目会投入大量的广告、推广费用,一般还配合有开盘仪式以及其他各种促销活动等。相应地,此阶段的销售数量及能力需求也较高。强销期需注意图4-7所示的问题。

① 顺应销售势头,保持较充足的房源供应量,否则有可能造成客户资源的浪费,如需要保留房号,数量不宜超过总量的15%

② 此阶段现场热销气氛非常重要,因此应加强促销,不要轻易停止,可根据实际情况变换不同方式,以保持热销场面

③ 价格调整一定不能一次太多,一般每次不应超过1%,但在客户可接受的前提下,可采用小步慢跑式(提价可多次,但每次较少)

④ 此阶段为项目的最关键阶段,如在市场中已成功建立入市形象及市场认同感,则为持续期奠定了较好的基础

图4-7 强销期的注意事项

第五章
项目持续期营销策划

【章前概述】

当项目通过大规模广告及促销后,逐渐进入平稳的销售期,此阶段即为持续销售期。开盘后的剩余单位或是另推单位,就属于持续期的销售范围。

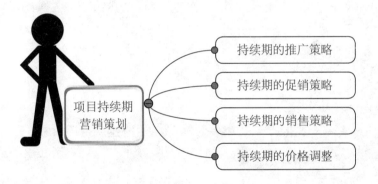

【内容解读】

一、持续期的推广策略

项目进入成熟阶段,销量已经趋于平稳,成交量比较平均,客户消费行为明显理性化。持续期的项目销售总量剩余在20%左右,大多数较好户型、位置的单位基本上都在前期销售一空。在这个阶段,销售部门就应当结合剩余产品户型、位置和市场的实际情况制订新一轮的推广方案。这个阶段的推广策略如图5-1所示。

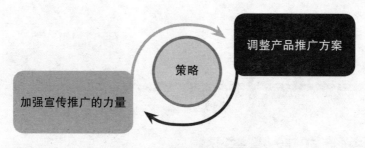

图 5-1 持续期的推广策略

1. 加强宣传推广的力量

广告宣传需要根据前一阶段的销售总结,针对已成交客户某些需求特征,变化推广主题来吸引客户。而活动推广主要是为了在较长的持续销售中保持人气,并吸引前一阶段的准客户成交。

2. 调整产品推广方案

在此阶段应多留意销售现场客户动向,在保证热销产品依然畅销的基础上,对滞销产品及滞销原因做透彻分析,与策划部门沟通,针对项目销售情况及客户特点对之前的产品推广方案进行调整与修正。

【行业参考】▸▸▸

××房地产公司精装修房源强销持续期推广计划

一、强销持续期推广总目标

截至2015年8月13日止,毛坯房剩余房源11套;精装修已签合同的37套,已交定金的25套,小计已销售62套;精装修剩余房源98套。计划毛坯房余房自然销售,精装修销售90套左右,将绝大部分房源去化掉。使公司在营销方面能够腾出主要精力用于后续商铺的营销上。

二、强销持续期推广主题——都市成熟生活榜样

1. 推广主要任务

强销持续期销售重点为精装修房源,因此,主要针对精装修房源进行传播推广。

2. ××公馆精装修房源独特卖点分析

××花园已经在千岛湖树立起了大型而成熟的高尚社区形象,在本地具有巨大的品牌影响力，××公馆是××花园压轴性标志楼盘，天然地打上成熟生活的烙印。××公馆具有独特的成熟生活优势，以及项目本身所具有的优点，归结为以下十一个方面。

（1）成熟的中央商住区。

（2）精装修、全配套、拎包入住。

（3）性价比高。

（4）酒店式服务及全新的物业托管模式。

（5）高尚的综合性商务服务及休闲会所。

（6）裙房屋顶私家花园。

（7）现代都市文明生活。

（8）配套新型商业步行街。

（9）现代都市风格地标式建筑。

（10）一线湖景房。

（11）升值潜力无可限量。

3.推广的目标对象

从已经销售的精装修业主来源看，主力是本地客户，外地投资客极少，仅有少数几位客户是公司领导介绍过来的。这一方面说明本地客户是能够接受精装修的，另一方面也说明，要吸引外地投资客，需要做相应的对外推广宣传。

鉴于××公馆精装修房源本身不多，销售压力总体来说不大，无需对外大力推广，本地客户可以去化掉剩余房源。因此，推广的目标对象锁定本地中高端客户。

4.推广核心主题——都市成熟生活榜样

××房产在千岛湖具有较高知名度与美誉度，××公馆精装修项目也早已吸引了当地客户的关注，但是，由于思维定势的作用，目标客户对精装修的概念还比较模糊，没有一个清晰的认知。再次，由于精装修相对于毛坯房价格较高，客观上对销售造成一定的阻力。因此，我们必须简洁直白地向目标客户传达出××公馆的鲜明形象，促使目标客户加速向实际客户转变。我们把强销持续期的推广核心主题定为——都市成熟生活榜样！告诉目标客户，入住××公馆是千岛湖现代都市生活的标志。

三、推广思路

主要在千岛湖当地做一些整合营销传播，借助移动E管家短信发送平台、项目外墙广告牌、售楼大厅易拉宝、×展架、宣传单张、DM邮发、网站等多种媒体，形成统一主题的强力传播。

（1）建立客户较为详细的信息库，××花园老客户资料及××公馆新客户资料，包括夫妻双方姓名，出生年月，原户口及住址，现住址幢号及房号，家庭及子女情况，联系电话及手机，购买××公馆主要是用于自住还是投资等。建立客户信息库，便于利用与挖掘客户资源，既可进一步密切与客户的关系，为赢得公司更好的口碑提供机会，也可以充分利用客户资源，带来更多的新客户，一举多得。

（2）8月开始建立公司自有网站，可以图文并茂地展现××公馆的各项优势。

（3）9月印制宣传单张6000张，重点介绍精装修楼盘。9月下旬重点锁定全县范围的党政机关公务员，教师，医生，银行、中国移动、联通、电信员工，私营业主，企业家等具有一定购买能力的潜在目标客户群，发送DM邮政广告。

（4）圣诞节及元旦促销，主要是买房子赠送圣诞小礼物，小礼物不求贵重，但求新颖别致，具有纪念性。

（5）春节为所有新老客户送福字送对联，同时发送祝福短信。

二、持续期的促销策略

在持续销售阶段，由于该阶段时间较长，销售相对较为困难，对整个项目是否能够实现成功销售尤为关键，因此在这个阶段除了进行宣传推广以外，还要有大量的促销方案和活动来支持。持续期的促销策略如图5-2所示。

三、持续期的销售策略

房地产企业在此阶段应总结前期销售状况，与策划部门针对竞争楼盘制定有效的销售策略，针对第一批推出单位的阻力产品进行策略调整，吸引更多客户上门。持续期的销售策略如图5-3所示。

巩固强销期成果	持续期一般无需投入太多广告和促销活动，主要以消化那些了解项目较晚的客户，或是在前期销售阶段未买到合适户型的客户为主，需对其进行跟踪，以达成交的目的
调整价格	作为向尾盘过渡的时期，产品在户型方位的优势已不能和前期相提并论，因此在促销上可以优惠价出售，已将近成本的让利作为底线支撑
以老客户带动新客户	通过老客户的口碑带动新客户的购买行为，给老客户以奖励，如减免物业费、赠送购物卡等优惠
满足不同客户需求	尽量满足不同类型客户的购房需求，例如价格打折、改造门窗和非承重的隔断墙

图 5-2　持续期的促销策略

- 根据项目特点和所剩房源，挖掘个性进行销售
- 加强有潜力地区的宣传，电话跟踪有成交欲望的客户
- 加强补足和签约工作
- 延续销售气氛
- 通过客户资料过滤、追踪客户
- 以利益加强、追踪客户
- 持续跟踪客户补足和签约
- 研讨未售出户数之原因，加以改进
- 激励现有人员士气，达成销售目标

图 5-3　持续期的销售策略

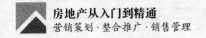

四、持续期的价格调整

项目销售阶段的销售管理,主要是指价格策略调整、销售策略调整,在项目处于持续销售期,销售价格管理尤为重要。

(1)项目开盘销售后,项目营销策划负责人应组织项目销售案组及时掌握销售进度、工程进度、销售态势、市场需求和销售前景,及时提出房价调整建议。房价调整建议经项目负责人确认后,由项目公司编制房价调整申请报告,按相关流程报批。

(2)任何一次房价调整,项目营销策划人员都应督促项目销售案组根据调价文件及时制作和校核新的售价表,并经项目负责人审批后启用。

(3)项目策划人员根据市场变化、项目销售实际情况或项目销售案组的建议,提出项目销售策略调整建议,经项目负责人确认后,报营销公司审核,项目分管执行总经理审定后执行。

第六章
项目尾盘期营销策划

【章前概述】

尾盘由来已久，它是房地产发展过程中的必然存在。随着房地产业的日趋成熟、市场竞争的不断加剧、可供选择的楼盘资源增多以及置业者的置业态度渐趋理智等，尾盘因而产生且越积越多。

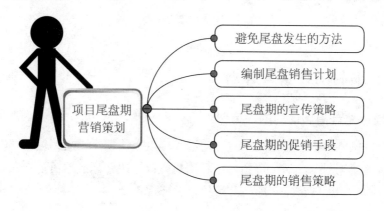

【内容解读】

一、避免尾盘发生的方法

尾盘一般指楼盘的销售率达到70%左右时，对所剩单位的称谓。因为尾盘数量不多，大都是一些销售较为困难的单元，销售时的营销费用十分有限，不可能大量、轰炸性地进行广告宣传，所以尾盘一直以来也成了令开发商头疼的一件事。

对于房地产开发商而言，尾盘是一个项目的利润沉淀，是产品在开发和营销进程中的难点和问题所在，尾盘处理得当，则项目的价值将会得到充分体现，实现边际效益最大化。

一个项目到达尾盘阶段时，开发商的投入（或阶段投入）基本已经收回，剩下的就几乎是纯利润了。但最后剩下的房源一般是最难卖的，比如朝向有问题、户型结构有缺陷、面积太大、总价太高等等，总之用客户的话就是"挑剩下的"，其销售难度相对较高。但是任何项目都会进入尾盘阶段，那如何避免尾盘的发生呢？可参考图6-1所示的方法。

前期做好销控	让尾盘消灭在图纸上
把一个楼盘最难卖的那些户型、朝向有缺陷的房子在开盘初期（热销阶段）以较低的价格出售，等到尾盘时，剩下的房子都是好房子，不至于降价太多	即在规划设计阶段下足功夫，力求房子的均好性，追求零缺陷。这样根本没有卖不出的房子，也就没有所谓尾盘的麻烦

图 6-1　避免尾盘发生的方法

二、编制尾盘销售计划

1. 项目尾盘销售计划的评审要点

当项目总体销售率超过90%时，即进入尾盘销售期。尾盘销售策略的宗旨是清盘，尽快回笼资金，减少资金占压。项目尾盘销售计划经项目公司负责人确认后，报营销公司本部审核，项目分管执行总经理审批。

2. 项目尾盘销售计划的编制要点

项目尾盘销售计划的编制要点，具体内容见表6-1。

三、尾盘期的宣传策略

尾盘之所以之前没有引起关注，主要是信息渠道不够通畅。作为企业销售团队的带领人，销售部门应该抓住尾盘的特点，进行宣传。其宣传策略如图6-2所示。

表 6-1　项目尾盘销售计划的编制要点

序号	要点类别	具体说明
1	项目分析	（1）房源分析：剩余车位、房源盘点 （2）价格分析：已销单位以及未销单位走势诊断价格表；针对目标客户检视价格 （3）推广分析：根据项目及客户重新评估形象；根据效果评估推广手段 （4）现场分析：检视现场包装（售楼处、样板房、看楼通道、停车场等，强化管理） （5）促销工具分析：销售团队的销售工具分析 （6）销售团队分析：日常管理评估、销售流程评估、团队能力评估
2	策略拟订	（1）采用二次开盘的聚积营销拉动（客户到现场后依靠销售人员引导，以现房及折扣等利益拉动） （2）前期客户利用（老带新优惠）和客户活动（未成交客户聚集，再次洗客） （3）封盘聚客、销控（造成稀缺感，逼定） （4）促销 （5）修正产品（通过设立难销户型样板房等） （6）采取更有效率的销售激励政策 （7）二三级联动等
3	制订促销及推广计划	根据项目实际情况，制订合适的促销及推广计划
4	价格调整	（1）价格表调整（如提价、拉大价差等） （2）尾盘价格由项目营销负责人会同财务管理部制定，经项目公司负责人确认后，报营销公司本部审核，项目分管执行总经理审批后执行

 尾盘相对于新盘来说，很多已经是现房或者准现房，工程基本结束，应该抓住现场的实景来进行宣传。比如拍一些现场实景照，带客户到现场去看房等等

 根据尾盘不同的房源特点，制定出合理的尾房价格标准

 建立权威的尾房信息网，进行尾盘的"透明售房"，比如公布每套尾盘户型、价格等方面的具体信息，让购房者真正知晓尾盘的特点

图 6-2　尾盘期的宣传策略

四、尾盘期的促销手段

一般来说，任何一个项目在尾盘期都会采取不同的促销手段，以刺激消费者的购买欲望。常用的促销手段如图6-3所示。

图 6-3　尾盘期的促销手段

1. 降价打折

如果剩余的房源有几十套甚至上百套，为最大限度地获得更多的利润，一般不宜采取整体讲价打折，而是从中一次性拿出十套左右的房子，以很低的价格推出，也就是"特价房"。这些房子在户型结构或者朝向方面都有明显的缺陷，但降价幅度大，就具有了相当的性价比，可以让消费者动心。通常特价房一推出就迅速销售一空，然后再考虑推出第二批特价房。

在操作特价房的时候需要注意的是：既然称为特价房，就要把价格一次降到底，坚决避免出现特价房不特价导致推出市场无人问津的状况。特价房的优惠价一般在9～9.5折之间，如果只将1～2个点，那就干脆不要叫特价房。

2. 客户关系营销

由于前面已经销售了80%～90%的房子，积累了大量客户，这些客户都是良好的口碑载体，他们会对自己的亲戚朋友、同学同事夸赞自己的房子，会陈述自己购买房子的种种理由，甚至邀请亲友到自己的房子去看看。

很多次市场调研都发现，消费者在回答"对哪一种信息来源最信任"这个问题时，通常最高的比例不是报纸、电视、路牌广告，也不是售楼人员的销售说词，而是"亲友告之"。这构成了客户关系营销发挥作用的基础。

客户关系营销的方式之一就是鼓励"老客户带新客户"。

比如，一个老客户介绍他的亲友来购房，不但他的亲友能获得一定优惠，他本人也将获得一定的奖励，从1000元现金到免一年物业管理费，或者是送家电、送旅游机票直到特殊大奖，分成几个等级，介绍的客户越多，获得的奖励越高，以此鼓励老客户多多推荐新客户。

客户关系营销的方式大大节省了开发商的广告费支出，是一种成本小、收益大的营销手段。

小知识

通过各种奖励措施，如送现金、送管理费，调动老业主的积极性，让"客户关系营销"成为项目营销"第二只手"。

3. 改良产品、市场细分

通过市场细分与再定位，改良产品，缩小门槛，与目标客户群接近，让其顺理成章地接受。

4. 重新包装与推广

通过重新包装与推广，使尾盘动起来，通过广播宣传、网络资源、展示活动、促销活动等，限时特价清盘，回笼资金。

5. 调整销控

对前期销售单位的价格、付款方式、优惠方法、推出时机进行合理的调整，使单位总价更具有吸引力，以接近购房者的需求。

尾盘促销注意事项

1. 正确引导消费市场和观念

目前消费市场对尾盘没有一个正确的认识，甚至还存在的一定的排斥心理，常将"尾楼"与"烂尾楼"混淆，尾盘是别人剩下来的，是户型朝向不佳、设计落伍、布局不合理的房子。其实尾盘具备两大特点：一是绝对的现房。卖家可以直接看到现房，实地品评房屋质量、社区环境、生活配套是否便利等，不必存在像期房那样的担忧；二是在物业管理设施及各方面的磨合上可以省时省力。

2. 要特别注意降价的技巧

尾盘销售几乎都离不开"降价"这两个字，但降价也有许多技巧，如果只一味降低单位售价，有可能适得其反。所以尾盘降价策略要采取更有人情味的方式，就是所谓"隐性降价"，如降低首付款、连环抽奖、送轿车、送物业费等手段，为客户提供更实惠的价格和周到便利的服务。

3.重新定义尾盘的处理方式

除了降价之外，重新定义市场、重新界定客户群，同时在可能的情况下对产品改进，都会成为很好的解决方法。首要工作是要出每一套单元的问题点，再有针对性地寻找解决方法，不仅会起到很好的效果，更能保障利益的最大化。

4.广告和促销宣传要有针对性、吸引力和有效性

尾盘现房的目标客户大多就在项目的周边，所以没有必要在公众媒体进行大量宣传，主要采用现有的广告牌、横幅、手机短信等方式吸引周边客户前来看房，并在他们经常出入的地方或案场举办促销活动，这样可以最低的广告费，取得最好的销售业绩。要很好地将尾盘现房的优势表现出来，调动楼盘和周边的老客户，做好口碑宣传，举办一些答谢会、睦邻活动等。

五、尾盘期的销售策略

项目进入尾盘，尾盘销售速度明显减缓，项目入伙临近，销售问题尤其突出，这就需要销售部门制定出切实可行的销售策略，以达成最终的销售目标。具体如图6-4所示。

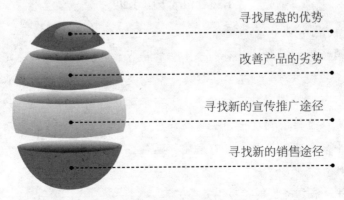

图6-4 尾盘期的销售策略

1. 寻找尾盘的优势

尾盘期时，销售要在项目的优势上做文章，转化项目的优势为销售力。虽然项目存在着各种自身条件的不足，但是尾盘却具有图6-5所示的两大特点。

特点一：绝对的现楼。买家可以直接看到现房，实地品评房屋质量、社区环境、生活配套是否便利等，不必存在像期房那样的担忧

特点二：在物业管理设施及各方面的磨合上可以省时省力。经过前期的入住，实际生活中的物业管理问题、发展商与配套部门之间是否具有良好的合作关系、楼房质量等问题都可以提早知道

图 6-5　尾盘的特点

2. 改善产品的劣势

针对项目的户型、采光等不足，做出一定的修改，如将过大的户型改成中、小户型；通过一定的措施，解决产品的采光方面的不足。

另外，转变消费者对楼盘尾盘是烂尾楼的看法，加强正确信息的传播和改善信息传播渠道。

3. 寻找新的宣传推广途径

由于项目尾盘时的产品数量，就决定了项目的推广费用不会太高，由此，宣传推广上就会受到很大的制约。可以采用图6-6所示的推广途径。

1 配合各种节日或庆典进行明升暗降的折让活动，如购房送物业管理费、送车库、送精装修、送房屋装修设计方案、送家电等，形式可以多样

2 采用低成本运作行销模式，为项目带来一定批次的看房客，带动销售和人气

3 可以在主流媒体上进行分类广告宣传，在二手房信息上发表尾盘信息

4 链式营销，以老带新

5 以租待售，体验式消费

图 6-6　尾盘的宣传推广途径

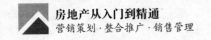

4.寻找新的销售途径

一般的楼盘销售主要是靠项目的营销中心或售楼部售出的,但是,尾盘期的房量不多,而项目的销售也基本步入销售疲软期,看房客户的数量相对较少,所以,必须寻找新的销售途径。

比如,处于尾盘期的项目可以直接与二手房中介合作销售尾盘,即直接将项目尾盘进入"尾盘超市",进行委托销售。

【行业参考】▸▸▸

××房地产公司尾盘促销方案

一、促销目的

为了能在整体市场比较低迷的状态下完成销售,应对即将到来的淡季市场,推出"尾盘集中赢,清盘销售三重礼"活动,以清盘销售为由头,做一次促销活动,争取最大限度地完成销售、完成回款和公司既定目标。

二、促销时间

2015年8月8日起。

三、活动内容

尾盘集中赢,清盘销售送大礼。自2015年8月8日起××清盘推出最后36套房源,凡在2015年8月8日起订房并按照约定缴纳房款、办理相应手续的客户均可获赠相应大礼:

(一)第一重礼:购房送价值5000元的液晶电视一台

1.内容

凡自2015年8月8日起订房并按照约定缴纳房款、办理相应手续的客户,均获赠价值5000元的液晶电视一台。

2.赠送办法

客户要液晶电视的,在交清首付签完购房合同后,办理按揭时直接从售楼处领走,其他问题由客户自行联系厂商;客户不要液晶电视的,按照5000元标准在房屋总价里予以优惠。建议客户尽量选择房价优惠。

(二)第二重礼:购房送契税再免保险

1.内容

凡自2015年8月8日起订房并按照约定缴纳房款、办理相应手续的客户,均可获赠所购房屋契税(开发公司代交),贷款客户免保险。

2.赠送标准

契税按照国家规定标准。

3.赠送办法

免收客户契税,由开发公司代交,完税凭证交给客户。按揭保险由开发公司协调这部分客户不办理保险。

(三)第三重礼:团购风暴

1.内容

自2015年8月8日起,在××××团购房屋的客户,两户团购可以享受1%优惠,以后每增加一户优惠幅度增加0.5%,即3个客户优惠1.5%,4个优惠2%,5个优惠2.5%,6个优惠3%,最高优惠不超过3%。

2.优惠标准

团购客户订房时间可以有先后,但是必须在规定的7天时间内签合同,客户签合同后就不能再参加团购;客户有特殊原因不能在7天内付款的,需写出书面申请,写明原因及最后付款期限,自订房之日起7日后即不能再参加团购;团购户数中间如有人退房,则按照退房后户数计算;一套房屋只能参加一组团购;两户团购可以享受1%优惠,以后每增加一户优惠幅度增加0.5%,即3户客户优惠1.5%,4户优惠2%,5户优惠2.5%,6户及6户以上优惠3%,最高优惠不超过3%。

3.优惠办法

团购客户必须同时来签合同,团购客户在交首付签合同时,必须写出书面申请,写明哪几户团购、优惠幅度,经销售经理签字后,在签合同时从房屋总价里优惠。

4.优惠幅度

最低0(没有团购),最高3%(6户及以上团购)。

四、宣传推广方式

通过以下宣传方式进行活动告知。

(一)报纸夹报

主要覆盖××

(二)人员派单

(三)竖幅广告

悬挂在售楼处正门上方两侧,内容为:××尾盘集中赢,清盘销售三重礼！第一重礼：购房送价值5000元的液晶电视一台；第二重礼：购房送契税再免保险；第三重礼：团购风暴。

（四）游动字幕

1.内容

尾盘集中赢，清盘送大礼！××××清盘推出最后36套房源，购房送液晶电视，再送契税免保险，团购更享惊喜优惠！

2.时间

2015年8月7日开始播放游动字幕内容。

五、活动执行流程

（1）活动确定执行后，在8月6日前完成横幅制作工作，并在8月7日悬挂到位、电视台游动字幕合同到位。

（2）8月5日前做好电子显示屏使用的沟通工作。

（3）8月7日（星期五）进行夹报。

（4）8月8日、9日完成派单工作。

（5）活动确定执行后，8月7日前联系家电销售公司，确定最低价格和付款方式，并将现场样品送到。

（6）客户订房，并在规定期限交清首付款，签订购房合同后，办理贷款手续时（一次性付款在取合同时），由销售主任开礼品单（附后），案场经理签字确认后交财务签字确认。

（7）客户持财务确认的礼品单领取礼品，自行取走礼品。

六、其他事项

（1）只有客户在活动期间订房并交清首付款，签订购房合同，并办理相关购房手续后（按揭客户办理完按揭手续、一次性客户付清全款）才有资格领取礼品。

（2）售楼处现场摆放礼品样品各四台，并用红绸扎起来，用红色彩纸打印"尾盘集中赢，清盘销售三重礼！"字样，贴在样品上，以渲染气氛；现场摆放用于发放的礼品各20台。

（3）打印活动细则，张贴在售楼处显眼位置，以起到宣传告知作用。

（4）关于已经购房客户的问题。这部分客户的反应会比较大，甚至会有客户到售楼处闹事的情况出现，对于这种情况，应对方法有两个：一是尽量争取由售楼处工作人员和客户沟通（在现场有客户的情况下由销售经理把客户叫到办公室单独沟通），告诉客户这是最后的36套房子，位置都不理想，公司为了尽快清盘，不占压资金，所以搞了活动，并不是所有的房子都降价了，清盘特价是绝大多数楼盘都会搞的一个活动，目的很简单，就是尽快清盘，尽快回款。二是可能会有部分客户不接受这个解释，坚持要补偿或者坚持在售楼处闹，那么就有必要请公司的律师出面解决。

（5）搞团购优惠活动，可能会有客户在销售现场自行联系结合为团购，对于这种情况可以装作不知道，采取默许的态度；一次性付款客户如果参加了团购优惠的，可以先享受团购优惠再享受一次性付款优惠。

（6）个别客户首付款不足的问题。有极个别客户首付款不足，建议允许客户在交了1万以上的定金以后可以在和开发公司签欠款协议的基础上签合同，办理贷款。

（7）一次性付款客户的优惠问题。一次性付款客户可以享受2%房款优惠的同时参加上述活动，参加团购优惠的客户一次性付款的，在团购优惠之后再优惠一次性付款的2%。

REAL ESTATE

房地产项目策划与实施从入门到精通系列

02

第二部分
整合推广

REAL ESTATE

导言

整合推广是房地产经营过程中不可缺少的组成部分。强有力的房地产市场推广活动不仅可以促进房地产企业不断占领市场份额，还能树立良好的口碑，使每一个项目顺利出售，保证企业利润最大化。

1. 广告营销推广
2. 品牌营销推广
3. 微信营销推广
4. 微博营销推广
5. 直播营销推广
6. 短视频营销推广

第七章
广告营销推广

💡 【章前概述】 ▶▶▶

在房地产开发的各个阶段,广告的身影无处不在,市中心、广场、公交车、报纸、电视、广播、网络等,凡是有人群的地方,皆活跃着房地产广告。生动、形象的广告宣传可以有效地推进销售工作,所以,不管是开发商还是代理商,都会不遗余力地做房地产广告。

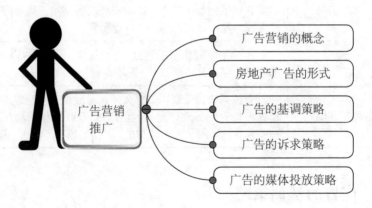

【内容解读】 ▶▶▶

一、广告营销的概念

广告是指通过购买某种宣传媒体的空间或时间,来向公众或特定市场中的潜在顾客进行推销或宣传的一种活动。对房地产企业来说,广告营销是指通过广告对其产品进行宣传推广,进而促成消费者的直接购买,并提高房地产企业的知名度、美誉度和影响力的活动。随着市场经济的迅速发展,广告营销活动在房地产企业营销战略中发挥着越来越重要的作用,并已经成为房地产企业营销组合中的一个重要组成部分。

二、房地产广告的形式

地产广告的形式多种多样,一般主要依靠报纸、杂志、电视电影、广告牌、广播电台、互联网等媒介发布,这几种地产广告形式又有各自的特点,具体如表7-1所示。

表7-1 主要地产广告形式的特点

序号	广告形式	特点
1	报纸、杂志	是房地产企业广泛运用的大众传播媒体
2	电视电影	可以表现其与众不同的卖点,富有张力和说服力
3	广告牌	可以突出项目独有的高档商品非凡之气,建立和维持品牌知名度。包括候车亭广告、LED户外广告灯箱、高速路上的路边广告牌、霓虹灯广告牌、LED看板等
4	广播电台	制作中不需要较多的道具、设备,广告形式可以根据需要,随时做调整,灵活性较大,和听众互动性好,说服力比较强
5	互联网	具有传播快、受众广、持久、表现形式多样的特点,可以非常详细地介绍房地产产品。包括PC互联网和移动互联网,如一些专业售房网站、房产APP、微博、博客、QQ、微信等

三、广告的基调策略

房地产广告的基调,指与客户定位、产品定位和竞争定位相符的,带有所处地域的时尚特征,融合广告策划的创意风格,并且贯穿于房地产广告设计和广告实现始终的广告表现的总体方针。具体如图7-1所示。

1. 广告基调根据客源定位确定

广告是一种广而告之的行为,广告目标是我们要争取的客户,他们的个人情况,以及一切他们获得信息的方法和方式,都是广告策划中进行决策、明确广告

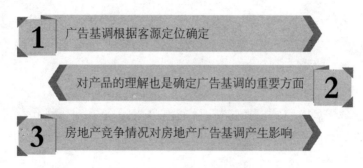

图 7-1　广告的基调策略

基调的重要依据。

一般而言，对于已处于整个房地产开发建设过程后期的广告设计而言，它的目标客源由产品功能和产品档次确定。前者区分客户的种类，后者区分客户的质量。

2. 对产品的理解也是确定广告基调的重要方面

产品的生命力在于产品的特色，在为客户服务的同时，怎样将产品的特色在介绍中尽可能地展现出来，并因此权衡广告基调，是确定广告基调的一个重要方面。

3. 房地产竞争情况对房地产广告基调产生影响

根据企业与竞争对手的对比情况，往往会有这样两种情况。

（1）以强抗强，让别人的广告为我宣传。这时候，两者的广告基调可能类似，但这时广告基调的产品基础一定要优于竞争对手。只有这样，自己才不会被打倒，反而会借力使力，居于上风。

（2）趋强避弱，努力做到人无我有，人有我强。当面临同样的地区、类似的产品，大家的广告基调又都是很温馨的时候，即将推出的产品基调，应该是有所变化的，以突出自身的特色。

四、广告的诉求策略

房地产广告语便是整个楼盘的主题诉求，经典的广告语不但诉求精准，像民谚俗语一样脍炙人口，同时也能让整个楼盘声誉鹊起。

比如，广州碧桂园项目，一句"给你一个五星级的家"令碧桂园名声大噪，至今仍深为人所称道。

广告诉求点实质上是产品的竞争强项。现代商品社会的竞争日趋激烈，同一个产品可能存在着成千上万个竞争对手，房地产市场同样也不例外。这种情况的蔓延结果，便是广告语所承载的利益点和生活态度，更侧重于表现我为什么更值得你选择。

最强的诉求点应该与楼盘定位一致，与客户的需求一致。最有效的楼盘广告主题语来自对楼盘本身的清晰定位，广告语的出炉是在对市场状况进行仔细分析、对目标客户心理需求深刻洞察之后制定的。优秀的广告语诉求也应该含有图7-2所示的四个要点。

图 7-2　广告语诉求的要点

> **小知识**
> 　　广告语是整体营销策略的核心支撑点，其他的营销手段或市场推广都是围绕广告语进行的。

五、广告的媒体投放策略

房地产广告对媒体的利用率比较高，为了更好地提高媒体的效率，使有限的广告经费获得最大的经济效益，应该对不同类型的媒体在综合比较的基础上，加以合理的筛选、组合，以期取长补短、以优补拙。就媒体整合而言，包括图7-3所示的两部分。

图 7-3　房地产广告的媒体投放策略

1. 纵深的广告周期配合

一个完整的广告周期由筹备期、公开期、强销期和持续期四个部分组成。

（1）在广告的筹备期，广告媒体的安排以户外媒体和印刷媒体为主，包括售楼处的搭建，样板房的建设，看板的制作以及大量的海报、说明书的定稿印刷等。

（2）进入广告的公开期和强销期，广告媒体的安排渐渐转向以报刊媒体为主。户外媒体和印刷媒体此时已经制作完工，因为相对固定性，除非有特殊情况或者配合一些促销活动，一般改变不大，而报刊媒体则开始在变化多端的竞争环境下，节奏加快，出招频频，以灵活多变的特色，发挥其独特的功效。

（3）到了广告的持续期，各类广告媒体的投放开始偃旗息鼓，销售上的广告宣传只是依靠前期的一些剩余的户外媒体和印刷媒体来维持，广告计划也接近尾声。

2. 横向的媒体覆盖配合

广告媒体在横向方面的安排，其实也贯穿于广告周期的四个阶段，但在产品强销期的时候要求特别高。媒体覆盖配合包括印刷品、电台、手机、网络等多重组合的理想三维广告空间，在视觉、听觉上对客户造成多重刺激，最大限度地挖掘和引导目标客源，以配合业务人员的推广行为，创造最佳的销售业绩。

相关链接

房地产广告营销运用

1. 欲遮还休

在销售前期，房地产公司采取阻挡的措施，用围墙将工地围起来，遮住楼盘，一方面修建豪华售房部，向顾客预告商品房即将推出；另一方面阻止顾客进入，暂不进行销售，不告知价格，使消费者产生悬念感。

比如，郑州美景鸿城正是运用了这一广告策略，在开发期，把整个一期正在开发的楼盘用广告牌包围起来，让消费者只见其形，却不知其貌，这样的包围战术不仅为产品开盘做准备，又吸引了大量的关注，造成了一种房产未售先热的局面，为后来的火爆销售打下基础。

2. 制造新闻事件

这一策略主要是在销售前期，通过媒体发布一些对开发商有正面影响的新闻事件，宣传开发商品牌形象。

比如，河南建业就是运用新闻事件造势，形成客户对在建楼盘的关注，2008年中国举办北京奥运会，建业也于2008年在香港上市。建业所有的在建楼盘，都全面宣传建业香港上市，同时建业将奥运与楼盘销售活动联系起来，这些新闻以软广告的形式，通过建业自身媒体和河南一些有影响的媒体传播出去，在很大程度上既宣传了建业的品牌，又促使建业在2008年创造了销售佳绩。

3. 锁定目标客户，抢占先机

房地产销售要根据楼盘的定位，抓住目标客户群，而不能把精力分散。要根据前期的市场调查研究和分析，把握住目标消费者，制定有针对性的策略。要先入为主，抢得先机就能抢得市场，就能将第一印象建立在消费者心目中，使后来的竞争者很难与之抗衡。

4. 促进销售，区域性明显

房地产广告对注意力负责，对人们的兴趣负责，要能吸引有效的人流，增加看房人气。房地产这种区域性的特殊商品，它的竞争集中体现在广告的竞争上，并影响社会文化和构成，但它更重要的是一种经济活动，是实现销售的重要手段，广告不是艺术创作，要把握消费品的语言，遵循其特点，创造效益才是成功的开始。

5. 及时有效

房地产项目与一般商品最大的不同就是单价太高，不适合长期销售，而适合短期和快速销售。因此，房地产广告必须立竿见影，直达目标，在制定广告策略时，及时性是最应关注的。从长期的发展眼光来看，也要注意品牌的塑造和维护。

第八章
品牌营销推广

【章前概述】

企业品牌不仅仅是媒体主导之下的知名度，更是一项持续提供超越顾客期望的产品和服务的承诺。企业及其产品要想在竞争对手中脱颖而出，必须拥有独具个性的企业品牌和项目品牌，才能够赢得消费者的关注和信赖。

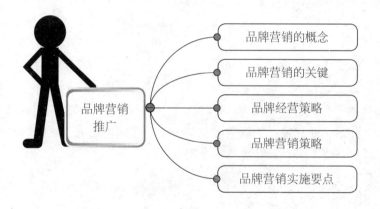

【内容解读】

一、品牌营销的概念

房地产品牌是发展商在进行房地产项目开发经营的同时，有计划、有目的地设计、塑造并由社会公众通过对房地产项目的形象、品质和价值的认知而确定的项目商标和企业商标，其本质是公众对发展商和其开发的房地产项目理性认识和感性认识的总和。

房地产品牌由企业品牌和项目品牌共同构成。这一概念主要包括图8-1所示的五方面要素。

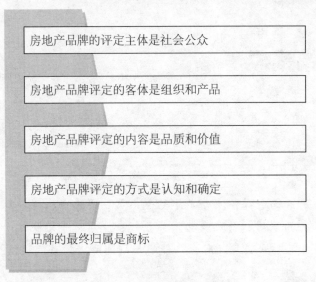

图8-1　房地产品牌的要素

房地产品牌营销是指房地产商借助品牌的力量及魅力开拓市场,提升企业的知名度和美誉度,以求在日趋激烈的市场竞争中能够脱颖而出,这是未来房地产企业市场竞争的必然趋势。品牌营销的核心是客户需求导向,一切都以客户为中心,增加客户对企业和项目的认同度和美誉度。如图8-2所示。

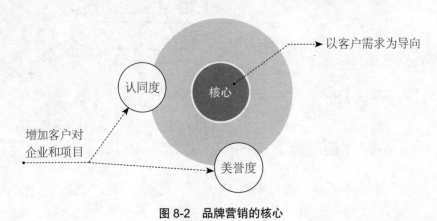

图8-2　品牌营销的核心

二、品牌营销的关键

房地产品牌营销的关键，即社会责任价值观。通过品牌背后富含社会责任的企业文化，赢得消费者和公众对房地产品牌的认同，已成为一种深层次、高水平和智慧型的竞争选择。

> **小知识**
>
> 房地产企业主动创造机会，履行社会责任，把社会事业与企业竞争战略有机地结合起来，也是提升房地产品牌知名度的有效途径。

对房地产企业而言，社会责任如图8-3所示。

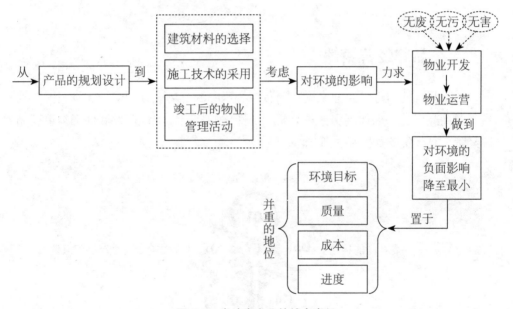

图 8-3　房地产企业的社会责任

另外，有了品牌不等于企业就是进了保险箱，品牌的建设与管理要靠创新来支撑。在品牌运营管理的众多因素中，品牌创新是第一位的，是最重要的驱动因素，是品牌的根基。企业只有掌握强有力的知识产权，使产品具有技术领先优势和独特的个性特征，才能在竞争激烈的市场中夺取更大的市场份额。名牌产品不但要靠创新能力，更重要的是提高创新速度，来引领行业发展方向。只有"创新"加"超前"才是制胜的利器。品牌创新的方式如图8-4所示。

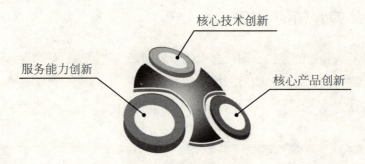

图 8-4　品牌创新的方式

房地产业多年来存在着产品类型单一、千楼一式的状况，产品和服务创新的速度迟缓。而不断提升产品和服务的功能、效用和价值，是市场最根本的需求，也是符合房地产企业品牌营销发展规律的。因此，房地产企业的创新行为是值得推崇的。

三、品牌经营策略

对于我国的房地产企业来说，随着核心资源的市场化分配途径逐步完善，消费者对商品房的需求体现出注重品质和个性化的特点，房地产发展商必须重视品牌经营。具体策略如图 8-5 所示。

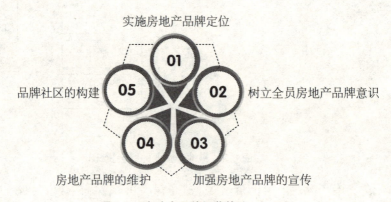

图 8-5　房地产品牌经营策略

1. 实施房地产品牌定位

品牌定位不仅仅是为了实现产品差异化，更重要的是为了实现品牌差异化。随着市场竞争的日益加剧，同一行业中各企业产品的差异化越来越难以形成，由于交通条件改善，各项配套的完善，消费者在购房时对地点已不再那么强调，而建筑的立面、平面布置又容易被模仿，因此利用房产的风格、文化、个性等无形因素及给消费者带来的精神和情感性利益，来塑造房地产企业品牌的独特而有价值的形象，以期进入消费者的心智，占据有利的心理据点，就成为房地产企业品牌定位时首先考虑的。

房地产企业品牌的定位并非一成不变。由于消费者的要求不断变化，市场形势变幻莫测，房地产企业品牌随着市场需求的变化、企业的战略调整，原来的定位可能已无法适应新的环境，对房地产企业品牌的定位应当根据实际情况进行重新定位，突出个性。

个性就是差异，品牌标志着产品的特殊身份，将自身与其他产品区别开来。突出个性就是创立品牌，每一个品牌都有自己特定的内涵，表明有独特的目标市场和共同认知的产品客户群。

> **小知识**
>
> 房地产企业在开发前期策划时，要突出自己的品牌个性，而不能盲目跟风。

2. 树立全员房地产品牌意识

房地产业创建品牌，很重要的一点就是整个企业的品牌意识问题。房地产企业应该清醒地认识品牌在市场中的地位和作用，审时度势，从上到下转变观念，确立以市场为导向，树立和强化品牌意识，并贯彻到每个员工，贯穿于企业的生产、经营和管理的每个环节，落实在每个项目的决策、设计、施工、销售和服务之中，把企业的品牌理念转化成消费者认可的品质、赞誉的服务等实实在在的利益。

现在房地产业很流行的CRM管理体系，从企业全员行为的角度来讲，就是对品牌创建的有力的推动。

比如，招商地产的CRM已经上线运行，其他房地产企业也在紧锣密鼓地推进。全员品牌意识的强化是万科成功的重要因素，在其一贯坚持的"全面立体化发展模式、专业化的基础、以客户为中心的经营理念、优质的设计服务"的经营原则中，万科打造出了精品住宅系列，赢得了消费者，在市场上树立起了响亮的品牌。

3. 加强房地产品牌的宣传

目前，消费者对于住房除了要求品质功能完善之外，同时要求住房的休闲性、保健性、文化性。对此发展商不仅要注重这方面的建设，而且要让买房客户能感受到。这实际上就是让客户增强对项目的感性认识，创造并丰富感觉，这也是公关活动的强项所在。

房地产品牌的宣传可以有多种途径，具体如图8-6所示。

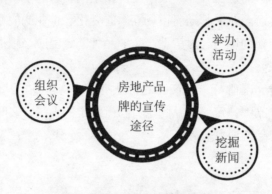

图8-6　房地产品牌的宣传途径

（1）举办活动。在各种公共手段中，活动可能是最具个性化的工具之一，发展商可以根据自己的目标，结合当时当地的情况发展出适宜的、有针对性的、有创意的活动。包括联谊、竞赛、演出、旅游、休闲等。

比如，广州某项目不惜重金举行国宝巡回展，以此来体现企业实力和社会责任感。

（2）挖掘新闻。邀请专家或名人讲话；举办新闻发布会；公司高层领导参加各种新闻活动等。这些新闻都有利于建立公司形象、扩大公司影响。

新闻的挖掘和创造需要讲究一定技巧，具体如图8-7所示。

图8-7　挖掘新闻的技巧

策划人员不能只有制造新闻故事的技巧，好的策划人员还应该了解新闻机构的趣味偏好和时效偏好，若公司高层领导人是知名人物，其言行举止都代表着企业文化的浓缩，都受媒体关注，那就要善于把握，同样有利于宣传企业品牌。

（3）组织会议。组织会议是政治公关运用最多的策略，随后被广泛引用在房地产业领域。在房地产界，这一公关形式时下已颇为壮观。组织包括多种，有购房人组织、有业主组织，还包括发展商组织，通过组织的创造有利于强化目标对象的归属感，也有利于增进沟通效率。

4. 房地产品牌的维护

房地产市场是一个逐步发展的市场，消费者和发展商逐步成熟，在市场的发展过程中，难免会出现一些问题，关键是怎样去对待，这就需要从长远利益打算，进行品牌维护。而且，房地产项目开发周期长，经营风险大，增大了品牌维护难度系数。可见，市场在不停地变，企业品牌维护是从品牌诞生伊始的一项长期性工作，它贯穿品牌发展的整个过程。

对品牌的发展状况进行长期跟踪，定期进行品牌健康测量，以及早发现问题，及时对症下药，以保持品牌的高知名度、消费者高忠诚度。品牌从消费者的角度来说，是对产品如何感受的总和。

（1）品牌维护的内容。品牌维护就是维护品牌在消费者心目中的地位，增强品牌对消费者的持续影响力，品牌的建立是以消费者需求为中心，品牌的维护仍然要从消费者出发，要注意消费者与品牌接触的每一个方面。

（2）品牌维护的方法。品牌维护的方法是通过品牌质疑，品牌质疑可以用来审视品牌究竟向市场传递了什么样的信息，当然，这些信息实际上也就是最终造就了品牌特征的那些东西。

（3）品牌维护的措施。品牌维护的措施是营造良好的品牌内部环境。虽然品牌特征要依赖消费者和潜在消费者生存，但它却是所属公司成员塑造出来的，品牌特征由公司创造的同时，公司的每个成员必须不断地热情支持品牌的建设与发展。

> **小知识**
>
> 事实上，公司的每个成员都在为品牌的发展和营销做贡献，公司的每个成员好比品牌使者，代表着品牌公司成员和外界接触的每一刻，都在传播企业的品牌特征。

5. 品牌社区的构建

一个好的房地产项目应该是一个好的社区，一个好的社区一定是一个好学校。一个大众喜欢的、好的品牌房地产项目，必须要构建一个好的社区。

一个完整的社区包括图8-8所示的要素。

图8-8　完整社区的要素

一个品牌社区在构建时就需要考虑到完整社区所包含的所有要素，在社区范围内尽可能让这些要素达到优化组合。对于房地产企业来说，品牌社区的要点是物业品牌营销。随着人们生活水平的提高，对生活方式和生活质量的要求也随之不断提高，物业的职能不再仅仅是保证社区安全，保持社区环境清洁，它已发展到为社区的业主提供一种和谐的自然生态环境、营造一种文化的氛围、倡导一种生活方式的概念。从社会学的角度认识房地产品牌，它是一个社区系统，是社区文化的营造。

人总是生活在一定的社区中，房地产品牌社区就是要塑造社区成员对本社区的心理归属感。人们在自己所居住的社区中与别人建立各种社会关系，如血缘关系、邻里关系、商业关系等；社区中有具备很多满足生活要求的商业服务配套设施。很大程度上讲，这些设施满足了社区中成员心理、生理以及自我发展的需要，久而久之，就会对社区建立起一种特殊的感情。

总之，随着房地产行业各项制度的不断完善，给房地产市场带来巨大的挑战。房地产开发企业在维护自身健康有序发展的同时，必须完善企业品牌建设，提高企业自身的竞争力和影响力，在激烈的市场竞争中充分发挥企业的市场优势，立于不败之地。

四、品牌营销策略

品牌营销即品牌化活动,它需要企业运用战略营销观念,依靠自身力量并整合社会资源,进行长期的人力、财力、智力投入,通过一系列有计划、有组织、创造性的经营活动来实现。其营销策略如图8-9所示。

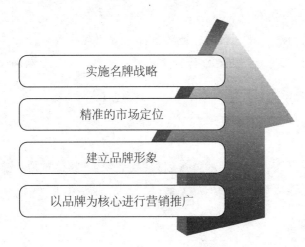

图 8-9　房地产品牌营销策略

1. 实施名牌战略

创名牌是品牌营销的前提和基础。实施名牌战略就是将创立房地产名牌以战略目标来对待,并贯穿于房地产项目的规划设计、施工、销售诸环节之中。

(1)要进行科学而准确的市场定位,这是创名牌的前提和基础。

(2)要建造高品质的产品,这是创名牌的核心。

(3)要实行优质服务,这是创名牌的保证。它贯穿于售前、售中和售后服务的全过程。

(4)要设计、彰显不同于竞争对手的、适合目标消费者差异化的个性产品。

比如,结构差异、功能差异、环境差异、风格差异、文化差异或它们的组合,个性可产生差异化的竞争优势。

(5)要树立创新的观念,创新是品牌发展的动力,同时也渗透到创名牌的其他方面。

2. 精准的市场定位

作为房地产企业,必须有前瞻性的眼光,敏锐的市场洞察力,为自己的房产进行精准的市场定位。而精准的市场定位是建立在缜密的市场调查基础之上，许多成功的品牌都有其较好的市场定位。

比如，奥林匹克花园以"科学运动、健康生活"为开发理念，以"更快、更高、更强"的奥林匹克精神为文化底蕴的大型体育主题连锁社区。奥林匹克花园以推动全民健身和体育产业化进程为根本宗旨，积极实践体育产业和房地产业的资源共享和互动发展，同时大力倡导平等和谐、健康向上的企业文化。开创了一个全新的居住理念，巧妙地将奥林匹克文化融入社区，实现体育与房地产的完美"联姻"，同时大胆跳出传统建筑工艺思路，实现运动和健康生活互动。

3. 建立品牌形象

通过品牌的整合规划和管理，向目标消费者全方位、有效地传递品牌的核心价值和个性，建立良好的品牌形象。

（1）品牌整合规划。品牌整合规划包括确定品牌整体定位、品牌核心价值观和建立品牌的识别体系及明确相互关系，具体如图8-10所示。

图 8-10　品牌整合规划

（2）建立品牌建设的评估标准和管理系统。品牌管理系统的建设主要包括图8-11所示的三个方面。

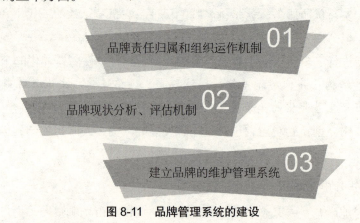

图 8-11　品牌管理系统的建设

品牌管理需要建立品牌建设的评估标准，评估指标体系主要包括两方面。

第一，结果性指标，包括品牌知名度、顾客品牌忠诚度、品牌美誉度、品牌市场占有率等。

第二，过程性指标，如媒体文章数量或报道数量、参与各种活动数量、营销效果评估等。

4. 以品牌为核心进行营销推广

为了充分发挥品牌的价值，房地产企业在营销推广时必须以独特有效的传播方式将其传播给消费者，并结合其他方式进行整体营销。

（1）传播主题与品牌定位相一致性。确定了品牌定位，就明确了传播的对象、方式、途径、范围、媒体的选择、诉求的重点，有利于加强传播的针对性，提高传播的效率。传播主题来自并服务于品牌定位，通过传播主题，精确、生动地向目标受众传递品牌的核心价值和个性，从而有利于建立良好的形象。所有的传播创意和诉求都应紧紧围绕这个主题进行。

（2）长期目标和短期目标相结合。具体说，短期目标以促进项目销售为主，长期目标以建立品牌形象和客户关系为主，两者兼而有之，可建立起相互结合、相互促进的关系。

（3）品牌传播与项目传播相结合。以品牌的定位和品牌个性为基础，制定项目品牌传播主题，在推广项目、注意卖点的同时突出品牌的核心价值，将项目品牌的推广纳入品牌传播的体系中，使其对项目销售产生有利影响。

（4）非广告传播策略。如参与各种公关活动、赞助公益活动、加入业主俱乐部等，在争取消费者的信任、建立同消费者的互动关系方面，发挥着越来越重要的作用。

（5）整合传播策略。在不同的发展阶段，不同的时间、地点，对于不同关系者，如顾客、合作者、政府机关，各种传播手段的重要性不同，因此在品牌推广的重点和投入方面应有所区别和侧重，这样才能给关系者、客户提供更多价值和利益，传播才更有成效。

五、品牌营销实施要点

房地产企业实施品牌营销战略，需要企业结合自身实力明确能提供什么样的产品，并随着消费者需求的变化调整品牌服务内容。在实施中，应做到图8-12

所示的几点。

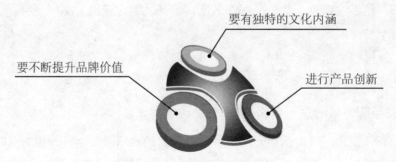

图 8-12　品牌营销实施要点

1. 要有独特的文化内涵

实施企业品牌经营，要赋予企业及其产品独特的文化内涵，使企业的产品文化与企业文化一致，产品文化体现企业文化的内涵。

根据马斯洛人性需求原理，消费者选择物业就是选择一种认同感，寻求一种归属感。房地产企业所塑造的品牌形象及其所诠释的产品文化要满足人们的心理需求，赋予产品合乎需求的内涵，营造适宜的文化氛围来迎合消费者的心理。

一个房地产企业往往开发的物业种类多种多样，如居住、商业、公益等等，开发时间也有先有后。在对各种产品进行个性化产品定位的基础上，统一整体风格，体现品牌特色，提升品牌价值，是企业品牌经营的核心所在。它从多方面体现了企业的经营能力，决定了企业市场竞争力的强弱。

因此，在建立品牌营销战略时，房地产企业要注意品牌定位的时间与空间的整体性，采取独立的产品品牌与企业品牌相结合的策略，具体如图8-13所示。

图 8-13　产品品牌与企业品牌相结合的策略

2. 进行产品创新

在保证产品价值高的基础上，进行产品的创新。产品价值是顾客期望从某一特定产品或服务中获得的利益，它包括产品价值、服务价值、人员价值和形象价值。房屋具有必需品和奢侈品二重属性，大部分人在必须购买房屋的基础上，要接受房屋的高价格。许多人要为之付出一生积蓄，在购买时注重房地产的各个方面，从外形到内在牢固性，从前期购房服务到物业管理服务。

因此，房地产企业在制定品牌营销战略时要注重产品各个方面价值的保证，如房屋质量、服务质量等等。

经过实践发现，产品价值的提高要求企业有创新意识，根据宏观政策的发展和市场的周期性对市场的发展方向进行准确推测，结合企业自身的优势找出适合企业的创新点，如图8-14所示。

开发理念的创新，结合不断发展的物质文化需要对产品的主题和定位进行丰富，选择同时符合消费者审美观念及企业品牌内涵的设计

项目建设过程的创新，利用新技术、新系统对项目基建过程进行合理优化，达到项目资金、质量和时间三大控制的合理化，项目团队的竞争化

销售服务的创新，结合企业及产品的品牌特色，达到销售流程合理化、销售人员素质提高化及销售服务品牌化

图8-14　企业的创新点

在客户服务上，通过对物业公司、客户服务部、工程项目部信息共享化的基础上，不仅要保证社区的安全，注意对社区环境的维护，更要解决业主平时生活上的维修服务，规范收费标准，做到物业管理品牌化。

房地产创新不仅体现在产品形态上的创新，还体现在通过了解消费者投资心理的研究上所做出的投资价值创新。最终品牌理念渗透到房地产的全周期，用品牌来影响消费者的心理，对消费者做出科学的指导，达到提高客户满意度的目的。

3. 要不断提升品牌价值

注重品牌的定位和维护工作，不断提升品牌价值。准确的品牌定位有利于产品的个性化与特色化的创建，不同的品牌定位代表不同的产品特色，满足不同消费者的需求，适应不同的细分市场，能够使企业资源有效地与特定细分市场结合。

品牌维护工作能加强消费者对该品牌的认识度和品牌美誉度，使房地产企业

保持或增加市场占有份额。为了能使房地产企业在知名度上更上一个台阶，进而可以在销售价格上有所提升、成本缩减、扩大市场占有份额，以实现对企业的可持续发展提供强有力的支撑，企业应做到图8-15所示的几点。

1 要建立品牌管理系统和品牌评估系统

2 要持续一致地投资品牌，持续不断地深度开发品牌产品，深化品牌内涵

3 要不断强化品牌的正向扩张力，扩大市场占有率、品牌认知度和美誉度

图 8-15　品牌维护工作要点

第九章
微信营销推广

💡 【章前概述】▶▶▶

　　微信营销作为新兴的网络营销方式,已经被越来越多的行业和企业所看重。房地产行业就是其中之一。如今,众多房企高度重视微信在营销领域的运用,并与传统营销模式有机结合,以促进楼盘的推广和销售。

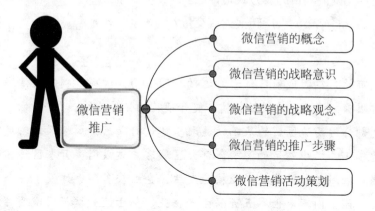

📝 【内容解读】▶▶▶

一、微信营销的概念

　　微信营销是网络经济时代营销模式的创新,是伴随着微信的火热产生的一种网络营销方式。微信不存在距离的限制,用户注册微信后,可与周围同样注册的"朋友"形成一种联系,用户订阅自己所需的信息,商家通过提供用户需要的信息，推广自己的产品，进行点对点的营销方式。

二、微信营销的战略意识

要想最大限度地发挥微信营销的功效，仅仅开通一个公众号，靠一个微楼书来推广肯定是不行的，开发商必须要具备微信营销的战略意识。

制定微信营销战略之前，先要搞清楚下述问题。

（1）企业做微信营销的目的是什么？

（2）想达到什么样的效果？

（3）针对的是何客群？该客群是否囊括了企业产品的所有目标客群？如果没有，那还需要哪些营销方式作为补充？

（4）如何与其他营销方式相结合？

（5）针对目标客群，结合自身的目标要求，考虑微信平台要如何推广？

（6）平台包括哪些内容？

（7）互动交流的目的及方式是什么？

（8）如何将微信的推广转换为成交量？

……

大连市的某花园城项目位于海之韵公园以西，该项目制定微信战略规划的思路非常明确，就是通过微信营销，提升项目的销售业绩。

海之韵公园西边区域的基础设施配套建设略滞后，周边人口密度不高，而且受周边中山广场中心区的影响，部分区域客户被吸引离开本区域。本地客源非常有限，但海之韵区域的工业较为发达，企业较多，也建设了一个大规模的产业园区，园区内不乏世界五百强生产企业。鉴于此，该花园城项目定位为刚需首置产品，主要针对外来产业工人、技术工人，这些人群普遍较年轻，对微信等新事物都比较熟悉并应用广泛。而且产业区企业较为集中，能充分发挥微信的定位功能。看到这些营销机会时，项目开发商决定将微信营销纳入项目的整体营销战略，并作为重点。

将微信营销提升到了战略层面之后，该项目所有的活动策划都围绕微信这个点展开，让营销落地，即注重微信营销与现场销售、活动的结合。例如，项目开发商运作了送早餐活动，连续多天在产业园区给这些产业工人、技术工人免费赠送早餐，工人可以通过扫描早餐盒上的二维码关注项目微信平台。并站在目标客群的角度去考虑他们关心什么，想了解什么，尽量想到这些刚性置业顾客的心里面去，他们作为外地人每天挥汗如雨、加班加点地拼命工作，就是为了能在大连安个小家，而该项目恰为小户型产品，专门为愿在大连落户的外来务工人员设计的，所以其微信平台上描述的重点便由此展开。再通过微信平台与客户的互动，不断完善平台的内容。

同时，该项目还在微信平台推行购房优惠活动，实际上，微信平台给予超额优惠是有操作可能的。因为，微信营销的成本是低于其他营销方式的。比如，该花园城项目已与传统电商合作，只要是到现场成交的客户，开发商要给电商每户一万元的费用。但如果是能证明仅是通过该公司其他渠道来访的客户，可不用支出一万元电商推广费用。那么，开发商就可以给予微信到访的客户额外一万元的优惠。但必须是第一次来访前已经关注微信的客户。

三、微信营销的战略观念

眼下，大多数房企仅将微信营销作为一个低成本的、一般的推广手段来看待。他们认为既然成本较低，做总比不做强。一来没有意识到微信营销与传统营销（包含传统网络营销）的不同及优势，二来不重视，导致企业无法将微信营销与其他营销模式做到有机的统一。事实上，各类推广方式，销售渠道要相互配合，把传统营销和微信营销整合到一起，就会产生1+1＞2的效果，具体包含图9-1所示的几种方式。

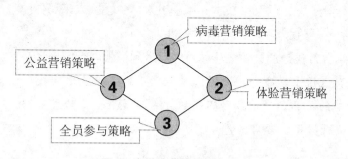

图9-1　微信营销的整合策略

1.病毒营销策略

所谓病毒营销，就是通过口碑传递，迅速扩大推广宣传范围，使受众以几何级数增长。从微信的角度说，就需要通过一些活动，利用微信本身的朋友圈、集赞有奖等方式来实现病毒营销。

比如，只要粉丝关注企业微信平台，并将之转至朋友圈，或者有多少位朋友来点赞平台发布的内容，都可以获得奖品或者抽奖机会，以这种方式来达到项目宣传的目的。

虽然通过这种方式带来的粉丝，其忠诚度、契合度要比较弱一些，但总比没有强。

比如，某地产项目在其微信平台推广的名为"来相亲，玩微信，赢大奖"活动，只要转发就有抽奖机会，一等奖是精美情侣写真摄影一套，二等奖是大连周边一日游，三等奖是超大情侣抱枕一对。这个活动一经推出就在项目周边吸引了不少年轻人参与，赚足了眼球。

2. 体验营销策略

体验式营销的效果是非常明显的，随着市场竞争的加剧，现代房地产销售与十年前完全不同。随着市场的完全竞争化，体验式营销的效果越来越被熟悉认知，除了早期的样板房，现在还会做一些景观示范区，建材展示，绿色建筑、绿色技术展示等一系列体验设施。

微信与体验营销相结合主要是两种方式。

第一种是通过现代多媒体技术，制作三维视频，将整个小区未来的各个场景亮点，甚至一草一木展示在微信平台上，将小区的景观、道路、室外公共空间、会所、建筑单体的公共空间（入户大堂）、电梯、样板房等全部体现在微信平台上，供广大粉丝了解，以三维技术并用手机来体验小区未来居住的舒适度，这一过程也比较有娱乐性，容易吸引手机用户的参与。

第二种结合方式是通过微信活动将粉丝带到样板展示区现场。

比如，在微信上发布一个图案，粉丝只要到样板展示区找到该图案就可以获得一份精美的礼品。通过各种不同的方式实现微信体验式营销，这对房地产销售效果的提升将是非常明显的。

3. 全员参与策略

鼓励全体员工都要参与到微信营销中，通过朋友圈等渠道，推广企业的微信号，在转发朋友圈的同时，首先要注明自身企业的房产优势，吸引到真正要买房的朋友关注，其次，在转发的同时可以说明，关注微信号后，我们平台经常会有一些抽奖活动，而且不乏液晶电视这样的大奖，以此来吸引更多的人加入。

> **小知识**
>
> 一般房地产企业员工的圈子，很多都是地产产品的准客户，他们是针对性比较强的目标群体，这点必须引起广大房企的重视。

4. 公益营销策略

公益营销能大幅提升企业的正面形象，有助于企业及其产品被目标客户群信任，其广告效果非常明显。将公益活动通过微信平台等媒介让目标客群获悉并参与，能迅速体现出传统公益营销的作用，产生1+1＞2的效果。

比如，某知名地产项目在其微信平台上推广名为"绿丝带"的公益活动，以资助贫困地区教育为主，将有爱心的粉丝一起纳入"绿丝带"的公益活动中。这一举动对提升开发商的整体形象是非常有帮助的，通过微信平台招募粉丝志愿者，与开发商的员工同行，共同参与到"绿丝带"公益行动中，之后再对参与公益活动的微信粉丝展开微信访谈，并在平台上播出。

四、微信营销的推广步骤

从房产市场综合来看，通常分为两个部分：个人住宅项目与商业地产项目。个人住宅通常是由家庭来决定购买意愿，在家庭中占据主导地位的通常是女性，因此在微信营销计划制订过程中，要把握住女性消费心理；而商业地产项目过程中，更多需要考虑到的是场地用途等其他因素，因此微信营销策划人需要有一个全局的把控能力。

下面以个人住宅项目为例，可将房地产微信营销详细分解为图9-2所示的五步。

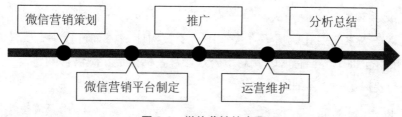

图9-2 微信营销的步骤

1. 微信营销策划

微信营销策划就是将地产项目与微信营销结合起来进行定位，具体如下：

（1）客户定位。房子是针对年轻群体推出的，还是别墅型针对高收入群体推出的？先明确你的目标客户是哪一部分人群，有针对性地结合这些人群的心理特点去分析。

（2）产品定位。你所出售的房子是属于田园风格，还是地中海风情，或者欧美风，又或者是饱含古典文化特色的中国风。户型的大小也会对房屋整体风格产生影响，在微信平台将这些特色一一展现出来。

比如，可以拍一部浪漫的田园风情微电影，或者拍一些漂亮的照片，或者书写一些房子的美好故事。

（3）价格定位。价格怎样定才合理？可以在微信公众平台发起问卷调查，综合分析用户的心理价格来确定。

（4）营销策略定位。营销的方式有很多，传统房地产的营销方法通常是以线下为主，通过聘请一些兼职人员发放大量的传单，或者做大量的户外广告，或者参展。那么做微信营销，是否需要将营销主力引入线上，或者以线上线下结合的方式来进行？这些营销人员都必须谨慎考虑。

> **小知识**
>
> 在整个微信营销过程中，房地产企业需要明确定位的目的是协助或者主导楼盘的宣传推广，帮助房地产的营销人员在不同渠道创造更多的销售机会，促进客户的购买率。

2. 微信营销平台制定

房地产企业和餐饮企业不同，消费者每天都需要吃饭，但对于房子的购买，可能20或者30年才会有一次，是一辈子的家。因此，在制定微信营销平台时要考虑到这些因素，要让购房者在多次的查看、对比、咨询过程中，既能节省时间，又能够全面了解信息。因此对于公众账号名称拟定、微信官网建设、微信栏目架构都要拟定一个详细的方案。

3. 推广

微信营销中，推广是重要的一步，这也是为什么很多房地产企业会大量地做广告，包括户外广告、电梯广告、公交站牌广告，随处可见房地产广告的身影。将微信营销结合起来，又该怎么去推广呢？具体方法如图9-3所示。

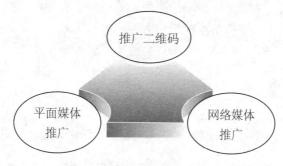

图9-3 微信营销推广方法

（1）推广二维码。在客户最常见到的户外广告上印上二维码，扫一扫二维码就能领取礼品，是最简单的方式。可以在DM宣传杂志、楼盘宣传手册、户型图和员工名片上印上二维码。

（2）网络媒体推广。可以和合作的媒体互推，也可以在门户网站进行推广，借助名人微博、微信大号、朋友圈、微信群、知名论坛等推广，还可以通过百度竞价、网盟来推广。

（3）平面媒体推广。在××展架上、报纸杂志上都可以印上二维码，还有电梯广告上也可印上二维码。二维码的设计可以是围棋状，也可以是用蛋糕盘托着的二维码，等等。

4. 运营维护

（1）日常互动。房地产微信营销运营人员可以在微信平台和用户互动。比如随时发起一些大转盘、抽奖、房屋装修知识问卷调查等活动。借助经过微信二次开发后的会员系统，对客户分组管理，定期向客户发起问候。

（2）特殊时期活动。重大节日或者有大的事件的时候，可以结合做一些有针对性的活动。

比如，元宵节即将到来，可以策划元宵节微信活动，让客户能够感受到切实的关怀；情人节可以做情人节活动，又有趣又吸粉；即将来到的中秋节，可以策划中秋节微信活动，让客户能够感受到我们不仅仅是房屋销售人员。

5. 分析总结

（1）日常分析。对日常的工作中，微信后台的数据进行分析，并主动搜集微

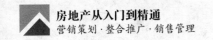

信营销相关数据，以数据为依据优化微信发布的内容、时间、互动方式。让公众号各方面的数据都保持一个良性的增长趋势。

（2）活动总结。大型推广活动结束后，将活动前后的各方面数据进行对比总结，计算投入产品比，优化下次活动的方式、内容。

如何让置业顾问具有微信营销能力

随着移动互联网的发展，如今微信已经成了我们生活必不可少的社交工具，房地产行业也愈发重视微信的使用。从最初的电话销售到现在的微信卖房，时代在变迁，房地产营销的方式也在不断地进化，对于置业顾问来说，在微信上与客户聊天，通过微信了解到底是不是想要的客户，并且和部分客户成为朋友，在依靠微信保障业绩的同时，也加强了人与人之间的感情交流。那么如何让置业顾问具备微信营销的能力呢？

1.基础要点

（1）微信号：置业顾问最好人手配置一部楼盘专属的手机及微信号。

（2）微信头像：微信营销的目的就是希望先"卖人"后"卖服务"。所以置业顾问可以将真实的自己展现给对方。因为真实的头像能够在添加陌生人时加大通过率。不建议使用卡通类、宠物类的为自己的头像，容易混淆，且容易被淡忘。

（3）微信名字：可以"楼盘名+平方米+价格+置业顾问姓名"来命名，一目了然，方便客户。尽量避免取一些非主流的名字，生僻字的名，英文的、拼音的、符号的名字。

（4）个性签名：最好与自己的项目直接有关。因为你的工作微信号是为你的工作服务的，不是你的私人微信号。比如，我是××楼盘的置业顾问×××，已成功为800户家庭购房服务。目前工作的××楼盘，是学区房、湖景房、有80m^2两居、98m^2三居，高赠送……您有买房置业需求，可以向我咨询，我将竭诚为您服务。联系电话：×××××××××××。

2.执行要点

（1）巧妙添加客户微信，不仅是留电。来访客户除了留客户联系电话以外，尽量通过一些方法能成功关注客户的微信号。为什么要添加客户微信呢？因为用电话有诸多不便之处，而微信可以不主动打扰客户，当客户对您发的内容或者信息感兴趣时，无论何时看到、何地看到都可以主动回复，而且相对不反感。

具体添加客户微信的技巧有：

A.借传户型图、实景图等为由添加。

B.借传项目相关图片或文字宣传资料为由添加。

C.借传递项目周末活动、促销活动、大型造势内容为由添加。

D.借获取优惠为由添加。

添加客户微信切忌："姐/哥，你微信号是好多？我们加一个。以后有啥子我们可以联系。"

（2）擅用微信朋友圈，成为朋友很重要。微信添加之后，就是跟客户多沟通、多聊天，传递项目的信息，最好能成为他的朋友，可以一对一聊天沟通，也可以发朋友圈，潜移默化地影响客户，微信朋友圈是一个私密的空间，营销感太强，随时可能被屏蔽。一般来说，中年人喜欢人生道理，年轻人喜欢新鲜有趣，家长喜欢育儿经，可以根据客户的年龄段和爱好作为突破点，增进和客户的感情。

当然，对于想买房子的客户来说，你有什么新动态他肯定也很关心。

（3）多互动，点"赞"是最柔和的拓客。互动肯定是必需的，这也是客户感受到我们的真实，感受到"我们是朋友"意味的重要操作。

但怎么操作呢？很简单，互动不仅仅是点赞，如果时间充裕的话，针对价值用户所发内容进行针对性的评论。人都喜欢被赞美、被认同；不喜欢否定和拒绝。

其实经常去点赞和评论，就相当于多在你的客户面前给你的房源露脸一样，点一次赞，就相当于推广了一次你的房源，俗话说见面三分亲，那如果天天点赞呢？这也是最不被人反感的一种朋友圈营销方式！

五、微信营销活动策划

微信营销活动策划的重要性不言而喻，既可提高粉丝活跃度，又可借活动提升营销转化率，通过搜集到的用户信息得以进一步有针对性地服务和营销。透过活动与用户高频次互动，加深用户对品牌的认知和了解，强化品牌忠诚度。

房地产企业在策划微信营销活动时，要注意图9-4所示的要点。

图9-4　微信营销活动策划的要点

1. 用户体验至上

在做营销活动设计时目的尽可能明确且单一，很多人喜欢在一个营销活动中融入多个营销目的。而每个目的都会增加操作，最后用户反而觉得体验不好、难度太大而放弃参与。

比如，有一个抽奖活动，活动方先让用户关注微信，获得活动链接，然后点击登录，输入手机号码获得登录码，再凭登录码登录指定网站来抽奖。整个过程中，用户不仅要经过4步才能完成，而且要在手机与个人电脑端进行切换。

如此设计的目的是既增加微信粉丝又给网站带来流量，但是双重的目的反而让这个活动流程变得相对复杂，用户体验感变差。

2. 数据分析衡量效果

一个好的营销活动，其效果应该是可衡量的，比如你增加多少粉丝、带来多少流量、销售多少产品。如果效果不可衡量，就无法监测KPI（关键绩效指标）来优化调整，比如此前提及的活动效果可以是粉丝或者网站流量增量，同时这个效果一定是与此前的目的相匹配的。

有时候容易衡量效果也并不一定是营销活动的目的，比如发布一条产品推荐的有奖转发活动，转发数是最容易跟踪的，但是它不应该成为这个活动的最终效果，而流量或者销量才是。

3. 有限的奖品或投入

营销人常常会说给我多少预算我也能做出像××那样效果的活动。如果达到同样的效果你花了1000万，别人只花了500万，这样的营销活动应该是不成功的。有限的奖品或投入在营销活动中应该被可控，一旦不可控，它会成为活动风险。

4."傻瓜式"操作规则

大家都不愿意参加流程很复杂的活动，也就是用户体验的问题，当然规则简单，有时候与营销目的多少也息息相关，目的多了之后规则自然复杂。

当然在一定范围内奖品的吸引力可以弱化复杂规则带来的抵触，但是原则上规则要尽可能地简单，或者能够让用户在每完成一次要求都有阶段性的奖励来刺激他。

5. 好玩有趣、具有共鸣的巧妙设计

有趣好玩的设计也能让用户情不自禁地参加，甚至有时候不给奖励，因为他在参与的时候已经获得了精神的奖励。

如果企业的营销活动可以让消费者在参与的同时获得精神的奖励回馈，那他们就会大大忽略物质的奖励，从而减少企业营销投入。这就是为什么有些企业热衷于公益营销，就是抓住人人皆有责任和善心，愿意做好事，做完后还会有愉悦感，从而扩大影响自发传播。

6. 策划活动方案须知

房地产企业在策划微信营销活动方案时，要注意图9-5所示三个方面的事项。

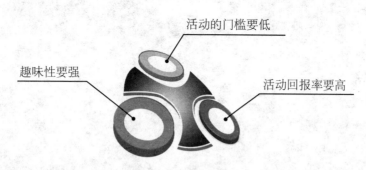

图9-5 策划活动方案须知

（1）活动的门槛要低。一般来说，根据自己的目标人群，门槛越低越好。活动面向的人群越初级越好，因为越是高级用户，用户群越少，而且高级用户对于

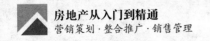

活动的热衷度远不如初级用户。

另外，门槛低还包括活动规则的制定，规则应该是越简单越好。越是复杂的规则，参与的人越少，尤其是微信这种碎片时间使用比较多的沟通工具。

（2）活动回报率要高。活动一定要让粉丝受益，要让用户得到足够的好处，因为只有活动的回报率高、奖品丰厚，用户的积极性才能被调动起来。活动奖品可以是物质的，也可以是精神上的。为什么要奖品回报率高，就是因为对于铺天盖地的活动，消费者早已司空见惯，对于奖品早已不动心，因此奖品要设置得有特色，有吸引力。

同时，还要注意提升奖品的中奖率。大奖虽好，但是中奖的人数少，众多的参与者都白忙了，打击了他们的积极性。因此在大奖有保障的基础上，尽量多设一些小奖，尽可能让更多的人拿到礼品。

（3）趣味性要强。活动的趣味性越强越好，只有活动好玩有趣，参与的人才会多，活动的气氛才能营造起来。如果活动足够有趣的话，甚至在没有奖品的情况下，大家都会积极参与进来。

【行业参考】▶▶

华润国际微信营销活动方案

一、活动背景

华润国际社区作为华润在三圣花乡的刚需楼盘，有地铁、学校、运动场的标准年轻人配套，三十几万的总价，户型也符合年轻人的需求，定位毫无疑问是青年社区，客户群体很明显——二级城市来成都打拼的年轻人。这部分人正处于奋斗阶段，为了生活稳定急需在成都拥有一套属于自己的房子。所以在此次的营销中，精准定于青年且喊出了奋斗青年的口号。

二、活动策略

春节假期结束后，华润国际社区开始一步步树立起自己的形象代言人——小黄鸭嘎嘎，并利用线上与线下、传统媒体与新媒体相结合的方式进行互动式传播，吸引到访。

主打奋斗青年牌，整体调性开始活跃、年轻化。线上广告、邀约，线下则请到了李伯清来为奋斗青年打气，一连串动作一气呵成，华润国际社区售楼部人气持续火爆，而开盘热销两亿的成绩，自然也是水到渠成。

第一阶段：发出预告

出街广告设置悬念，"更FUN的国际社区等你回来"。目的有二：第一，让人期待，国际社区到底如何FUN？第二，对应的目标客群回家过年，自然而然将自己与回来两个字对应。

第二阶段：节后亮相

刚上班回来，大家都还没有进入状态，国际社区开始用嘎嘎"刷脸"，全城释放小黄鸭嘎嘎，淡化产品销售信息，只喊出"新春第一波正能量：2015let's fun，为奋斗青年喝彩"。网上也开始通过第三方平台造势，先抓住过年回来还在迷糊的青年的眼球。

基于项目的潜在客户的区域分布考虑，广告媒介较为精准，投放了目标客群最为集中的城东与城南的公交站台和地铁。在市中心年轻人逛街密集的地方也有户外大牌，而且设计抢眼。

第三阶段：推产品，渠道开始集中发力

通过每周抽奖等福利吸引到访，同时筹备举办李伯清见面活动，线上通过网络媒体、自媒体、网页游戏为落地活动蓄客并且以奖品吸引到访，宣传造势，而线下通过行销人员扫街拓客。

华润国际社区正式亮相后，开始推动产品funhouse的销售，除了上述公交站台与地铁的渠道之外，社区的文化墙、搜房广告、qq广点通、区域内桁架风暴都一起上，带有嘎嘎画面的宣传开始往项目销售信息靠拢，项目价值点、价格等信息出街。

（1）线上推广

网络媒体方面，首先通过第三方平台放出李伯清的门票、四张电影票、iPhone6抽奖等信息（放福利吸引客户），再配合李伯清官方微信、微博召集李伯清的粉丝，华润国际社区的官方微信也一直进行活动宣传。

（2）网页游戏的病毒式推广

网络媒体的收口是一个网页游戏，每个客户通关游戏需要邀请五个朋友为自己的小黄鸭嘎嘎打气，打满气后才能获得李伯清见面会门票以及四张电影票。

邀请朋友打气的设定保证了一个客户参与游戏，至少能让其他五个人知道华润国际社区以及正在举行的活动，从而达到病毒式传播的效果，塑造嘎嘎形象。据统计，通过网页报名而到案场的客户超过800组。

（3）线下行销推广

要做成一个全城事件，并且塑造嘎嘎的形象，线下的拓客也是必不可少，华润国际社区准备了十万只小黄鸭玩具，行销人员全城派发，而小黄鸭上则印有国际社区官微的二维码，扫码就能得到入场门票以及四张电影票，拓客的同时也为线上粉丝积攒做出贡献。

作为成都地铁二号线上的楼盘，行销的活动地点当然也是有讲究的，想要抓住本楼盘的客群，二号线就是一个很好的根据，所以行销的分布就在二号线的地铁站，以及春熙路、香槟广场等二号线周边的地标。

第四阶段：利用前期积攒的人气，再次推动销售

落地活动，经过大半个月的推广，线上线下的配合操作，活动现场的人气很旺，售楼部后面的小广场几乎已经装不下，很多客户都是站着看完整场表演。据统计，活动当天到访的客户达到了900多组。而售楼部只要有到场，置业顾问的销售转化自然也不是问题，热销两亿，在这样的市场情况下，也就不是一件令人难以置信的事情。

三、全程推广总结

互联网时代，线上线下相结合才是王道。

单纯的线下无人问津，单纯的线上根本就是自娱自乐，只有线上导流，线下转化才是正确的方式。房地产已经过了黄金时代，现在早不是坐着抽烟就能让售楼部排长队的年代了，新时代的人都要性格。

作为一个楼盘，它也应该有性格。有性格的楼盘，能让客户对楼盘感到更加亲切，楼盘是卖房子，房子是要作为一个家的，如果冷冰冰的，愿意买单的客户恐怕不多。当然，房子的品质本身也同样重要，有了品质，找准定位，又真心为客户着想，房子就不难卖。

第十章
微博营销推广

💡 【章前概述】▶▶▶

信息的高速发展造就了互联网时代，除诸如报刊、广播、电视等传统媒介以外，很多房地产开发商已经开始将企业宣传与产品营销的触角伸向新媒体领域，而微博营销就是房地产企业寻求新营销策略方式的一个突破口。

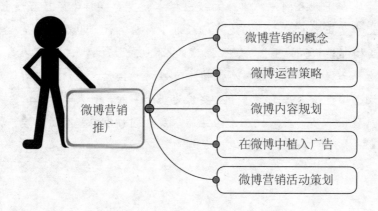

📝 【内容解读】▶▶▶

一、微博营销的概念

微博营销是以微博作为营销平台，每一个听众（粉丝）都是潜在的营销对象，企业利用更新自己的微型博客向网友传播企业信息、产品信息，树立良好的企业形象和产品形象。每天更新内容就可以跟大家交流互动，或者发布大家感兴趣的话题，这样来达到营销的目的，这种方式就是微博营销。

微博与房地产业的关系

微博为房地产营销提供新的渠道。微博用户平均年龄在28岁，与现在的平均购房年龄非常接近。据统计，微博上总计超过1000万条有关房地产的信息。对房地产企业来说，微博具有以下作用：

1. 免费的信息发布平台

微博是一个免费的社交平台，企业版微博为企业提供了一个新的宣传渠道。

2. 客户关系管理平台

企业版微博为企业提供了一个与客户沟通的平台，一个倾听顾客声音、了解顾客需求的平台。在这个平台上，企业可以进行客户关系管理和沟通，从而调整企业的发展战略。

3. 危机公关平台

微博与其他输出渠道不同的是，提供了一个互动的公关平台，信息透明，与公众互动之后，信息就会达到对称，公众觉得受到尊重，有公平感，不再是单方面的信息灌输。

4. 品牌个性化的平台

与其他信息输出渠道相比较，微博互动式的宣传方式更加人性化，也更加个性化。

二、微博运营策略

1. 微博账号的功能定位

房地产企业可以注册多个微博账号，每个账号各司其职。一个微博账号可以承担相对单一的功能，也可以承担多个功能。如果企业比较大，那么除一个专门的公共关系微博账号外，建立多个部门微博账号也是可取的。如果企业的产品比较单一，那么整个企业建一个微博账号就可以了。一般来说，一个微博账号可以承担图10-1所示的多项功能角色。

图10-1　微博账号承担的功能角色

2. 普通用户参与微博的理由

如果企业的产品本身已经有了大量的用户群，那么在微博上获取其关注是相对容易的。如果企业并不具有像戴尔、惠普那样的品牌影响力，那么在微博上获得"陌生人"的关注就需要付出更大的努力。因此要理解微博用户的社会心理需求。虽然没有具体的数据统计，但是可以从新浪"微博广场"的热门话题了解到，大部分普通微博用户（非微博营销用户）参与微博六大理由，具体如图10-2所示。

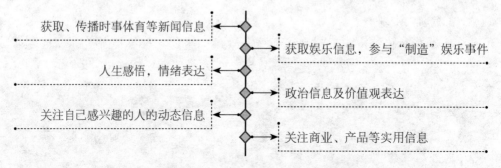

图10-2　普通微博用户（非微博营销用户）参与微博理由

图上六大理由的排序大致是普通微博用户参与微博的"动机强度"排序。深入了解这些心理是创造普通用户"喜闻乐见"的微博内容的前提。

3. 创造有价值的内容

有价值的内容就是对微博用户"有用"的内容，能够激发微博用户的阅读、参与互动交流的热情。房地产企业需要平衡产品推广信息与有趣性的"娱乐信息"的比例（"娱乐信息"必须与本行业相关），可以从以下三个方面调整：

（1）发布本行业的有趣的新闻、轶事。可以客观性地叙述一些行业公开的发展报道、统计报表甚至"内幕",可以有选择性地提供一些有关公司的独家新闻——真正关注你的产品的微博用户会对这些独家新闻非常感兴趣。当然,重点要突出新闻性、有趣性。

（2）创业口述史。大多数普通人对创业者总怀有一种好奇,甚至尊敬的心态。企业微博可以有步骤、有计划地叙述自己品牌的创业历程,公司创始人的一些公开或独家的新闻——类似一部企业口述史,电视纪录片。

（3）发布与本行业相关的产品信息。搜集一些与产品相关的有趣的创意,有幽默感的文字、视频、图片广告,这些创意和广告不一定都是自己的品牌,可以是本行业公认的著名品牌。

4. 互动营销游戏

在微博上搞活动真正符合微博拟人化互动的本质特征。只要产品有价值,没人能拒绝真正的"免费""打折"等促销信息。常见的微博互动活动形态,具体如图10-3所示。

促销互动游戏	尽量多做与产品相关的互动性游戏,如秒杀促销、抽奖等游戏,吸引微博用户参与
微博招聘	节约相互了解的成本;直接在微博上进行初次"面试";发挥人际传播的效应;低成本的品牌传播
奖励产品用户在微博发言	微博是一个真正的口碑营销的好方式。鼓励已经使用或试用产品的微博用户发表使用体验,并对这些用户给予一定的奖励
产品试用活动	在微博上发起低成本的产品试用活动,活动结束期后鼓励试用者发布产品体验帖子
慈善活动	条件允许可以自己发起慈善活动,或者积极参与微博其他用户发起的慈善活动。对小的房地产企业来说,参与"微支付"的慈善活动,并不需要付出很大的成本,却可收获更多的关注

图 10-3　常见的微博互动活动形态

三、微博内容规划

有些企业在开设微博之前没有很好地对发布的内容进行规划,什么内容都发布会误导粉丝，损害企业的品牌形象。很多时候，提前做好的设计和规划，不但事半功倍，还能有效地提升粉丝心目中品牌形象的地位。

一般情况下，就房地产企业微博而言，其内容规划大致可分图10-4所示的四步骤。

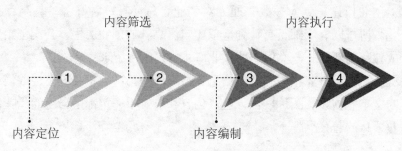

图10-4　微博内容规划的步骤

1. 内容定位

定位是微博内容规划时最先需要做的，可以帮助企业了解自身的情况，同时结合微博的属性做出适当的调整。

在内容定位过程中，企业需要结合原本做好的品牌定位总结出品牌的简单调性，也就是品牌定位下目标消费者对品牌的看法或感觉。

比如，企业的品牌调性是"年轻无极限，给爱挑战生活、向往自由的你一片属于自己的天空"，那么品牌调性的关键词就是"年轻""刺激""自由"等。

利用品牌调性，结合品牌自身的受众，可以总结出品牌的内容个性。说明企业品牌的微博内容在风格上面需要展示青春有活力，而在内容选取上要适当和大家分享一些积极向上的博文。

> **小知识**
>
> 企业的不同品牌所体现的内容个性可以有所不同，不同个性的品牌之间互动会增加更多看点，但是整体风格还是需要依照企业的形象去设立。

2. 内容筛选

在做好企业微博内容定位后，结合所设定位，要进行内容的筛选，制定范围和标准。通常，发布博文信息是为了吸引用户的注意以增加用户的黏性和适当体现品牌的价值。不同的博文可以有不同的特性，企业可以根据博文的性质来筛选合适的内容。就微博内容而言，可以从图 10-5 所示的几个方面对其进行筛选。

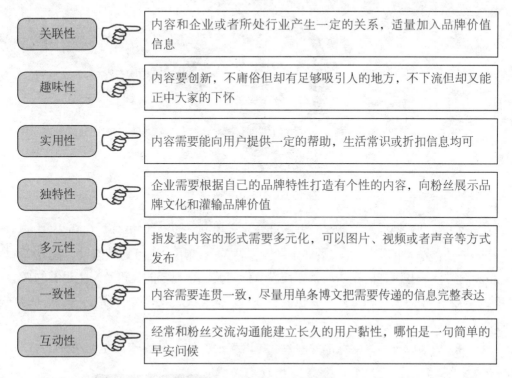

图 10-5 微博内容筛选的原则

3. 内容编制

做好微博内容定位，确立了内容筛选的范围后，接下来就需要对内容进行编制和管理。系统化的内容管理机制有助于运营专员快速对微博内容做出判断、筛选和发布，同时也能大大地减少层层上报这种烦琐流程。其中，按照内容来源方式分类，可将微博内容分为图 10-6 所示的四种类别。

（1）官方日常内容。日常内容是企业微博每天定时定刻需要发布的，为企业微博固定板块。日常内容可原创，也可引用他人的精华，但是切记注明作者和出处。

（2）博友创建内容。该部分内容指日常微博运营过程中，对微博信息进行适当采集（舆论监控），并结合品牌及微博个性对部分内容点评并转发生成的微博内容。博友创建内容需要运营人员仔细筛选，取其精华去其糟粕，答复的同时也需要体现微博的人性化特点，切勿生搬硬套。

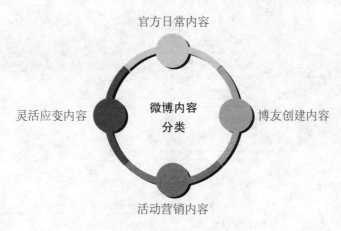

图 10-6 微博内容分类

（3）活动营销内容。适当举办活动营销，提高企业微博知名度，获取潜在客户的关注。活动的形式可以多样化，主要目的是和用户进行持续互动，建立关系。有时候一些有趣的小活动，即使没有任何奖励，只要能让粉丝产生足够的兴趣，也未尝不可。然而必要时候也需要举行一些有奖转发，回馈粉丝一直以来的支持。

（4）灵活应变内容。这部分内容产生的渠道可分为图 10-7 所示的两种。

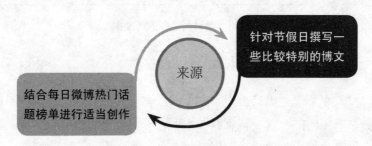

图 10-7 灵活应变内容的来源

小知识

对于以上四种微博内容的发布比例，需参照微博整体定位中企业利用微博的目的和期望达到的效果而调整。

4. 内容执行

此部分可以从执行时间和执行人员两个方面去分配。

（1）执行时间。对于微博内容的具体发布时间，可参考图10-8所示的规则。

1 企业青睐周一，但用户在周三、周四更活跃

2 工作日下班后的时间段营销价值大，18点至23点用户互动的热情高涨

3 利用好周末午饭和晚饭前后的零碎时间段，周末午饭后1点至2点和晚饭前后5点至8点的用户互动更加积极

图10-8　微博内容的发布时间

上面的几个规则只是一般的用户习惯，如果想要增加博文的曝光率和提高互动量，企业还需根据自身的粉丝习惯来做出调整。

（2）执行人员。在规划好内容发布时间后，人员的安排也需要注意以下事项。

① 大企业有完善的人力资源系统，可以每一个环节都安排指定的人员进行24小时实时监控和维护。

② 对于只有一个微博运营专员的企业，则需仔细规划时间，争取三分之二以上的时间用于监控互动，留下三分之一的时间用于内容的筛选和撰写。

③ 对于有两个微博运营专员的企业，则可以安排一个专员进行原创内容的编制和筛选，另一个专员进行网络内容的筛选和搜索。

④ 对于没有固定维护专员的企业，若能够对人员进行合理安排，能做到定时更新微博，时常在线，也是能起到一定的推动作用。

四、在微博中植入广告

在现实生活中，人们购买产品时会"严重地"受到信任的朋友评价的影响。微博是人际交流的场所，在人们交流的过程中植入广告是微博植入式广告的核心。常见微博植入广告的形式，具体如图10-9所示。

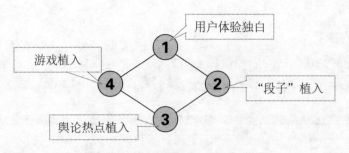

图 10-9　常见微博植入广告的形式

1. 用户体验独白

人们每天都在微博里记述自己的生活经验和感受，这些内容一定会有相当比例涉及自己使用的产品。这些评论就构成了真实的口碑。如果发起一个活动，让使用企业产品的用户来主动讲述自己的产品体验——无论好的体验还是坏的体验，给予体验独白用户一定的小奖励，就能激发用户向朋友传播这个品牌。

2."段子"植入

好玩、幽默、人生感悟的"段子"（有时配上图片和视频）总是能让大众喜欢。因此，房地产企业微博把品牌植入这些受欢迎的段子之中，受众一般不会反感，反而会赞叹创意的精妙。

3. 舆论热点植入

针对热点人物可以设计广告。每个节庆日、体育赛事都会涌现舆论热点，可以抓住这些热点植入广告。舆论热点有发生、成长、高潮、退潮四个阶段，要敏锐地觉察舆论热点的发展过程，房地产不要等热点退潮后再做文章，那时已经了无新意，引不起观众的兴趣了。

4. 游戏植入

微博互动适合做一些秒杀、抽奖、竞猜等游戏，如蔡文胜的世界杯竞猜游戏吸引了大量的微博用户的参与，自然也为蔡文胜积累了不少粉丝。不过，蔡文胜的竞猜游戏没有和他自己企业的产品品牌联系起来。

五、微博营销活动策划

在中国这样的特定社会环境下，"扎堆""围观"是客观实际，所以微博在没有进入更高阶段的营销进化之前，活动依然是微博营销的一个利器。

如果对企业微博来说，内容建设是留人，那么活动策划就是拉人，企业做微博活动要么就是吸引新粉丝，要么就是增强粉丝互动，增加活性，传递品牌。特别是在企业微博粉丝增长期，活动更是吸引粉丝最行之有效的法宝。

房地产企业在做微博营销活动策划时，应注意把握图10-10所示的关键点。

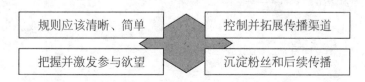

图 10-10　微博营销活动策划的关键点

1. 规则应该清晰、简单

通常情况下，为了更清晰地描述活动规则，往往使得官方微博活动规则过于复杂，在阅读上需要消耗访客更多的精力。而要想使活动取得最大的效果，一定不要为难参加微博活动的用户去读长长的一段介绍文字，要尽可能简单描述。活动规则简单才能吸引更多的用户参与，最大限度上提高品牌曝光率。因此，活动官方规则介绍文字控制在100字以内，并配以活动介绍插图。

2. 把握并激发参与欲望

只有你满足了用户的某项需求，激发了他们内心深处的欲望，用户才会积极踊跃地参加你的活动。激发欲望最好的方式就是微博活动的奖励机制，这里包括一次性奖励和阶段性奖励。所以官方微博活动奖品的选择很讲究，具体如图10-11所示。

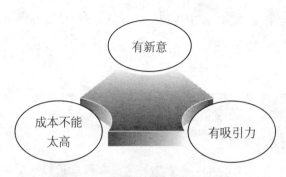

图 10-11　官方微博活动奖品的选择

> **小知识**
> 微博活动奖品如果是印有官方 logo 的纪念品之类的也很有趣。

3. 控制并拓展传播渠道

微博活动初期是最关键的,如果没有足够的人参与,很难形成病毒式营销效应。可以通过内部和外部渠道两种方式解决,具体如图10-12所示。

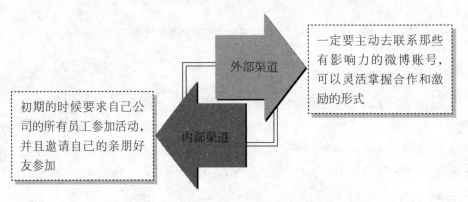

图 10-12　微博活动传播渠道

4. 沉淀粉丝和后续传播

微博活动在文案策划的起始阶段就要考虑到如何沉淀优质粉丝传播的问题,同时鼓励用户去"@"好友,"@"好友的数量也有讲究,如果"@"太多的话,会导致普通用户遭受@骚扰。

另外,通过关联话题引入新的激发点,带动用户自身的人际圈来增加品牌的曝光率,促进后续的多次传播。

【行业参考】

××广场情人节微博营销活动

一、活动背景

××集团成名于其在全国多个城市成功复制开发的城市综合体项目——××广场。每个项目都具有较高的商业消费属性,项目发展与当地商业环境、居民认知度和品牌形象塑造等因素相关。

2017年情人节前夕，××团开通@万达广场官方微博。营销诉求为：在2017年2月9日至2月14日情人节期间，全国44个××广场以线上加线下的互动营销模式，整合全国品牌，制造一场具有持续影响力的全国性事件的品牌营销活动。

二、营销目的

（1）借势情人节，增加节日前后××广场的线上曝光量和线下客流量。
（2）全国××广场联动，提升××广场品牌知名度。
（3）整合各地××广场官博，快速建立一个以@××广场集团官博为中心的微博矩阵。

三、营销策略

采用线上、线下的整合营销方案。线上充分借助微博平台，通过转发送奖形式扩大活动覆盖面，同时逐步提升品牌知名度，并引流人群进行线下消费。线上以"爱的平台"为主题，发起数轮微博大抽奖活动，线下联合旗下各大主力店以"爱的汇聚"为主题，发起各类情人节营销活动。

（1）线上活动

120部iPhone免费送。关注@××广场并转发活动微博，即有机会获得2月14日分12次送出的120部iPhone7。活动同时还每日送出1000份××影城双人情侣套票。

每日转发抽奖活动。关注@××广场并转发微电影视频微博，即有机会获得每日2份马尔代夫双人往返机票及情人节当天送出的39999元日本冲绳岛婚礼产品1份。

（2）线下活动

情人节浓情有约活动：分为全城热恋为爱告白、百万玫瑰为爱传情、爱情仙子甜蜜相伴、情人节相亲狂欢大派对、趣味爱情运动会、情人节爱情婚纱秀场等多种形式的活动。

情人节优惠有约活动：2月14日，××广场主力店联合推出优惠活动，百货、步行街服装、服饰情人节特别促销，2月14日当天于广场内购买服装、饰品类商品均送礼品。××影城、××百货、大玩家电玩城、大歌星KTV、沃尔玛、国美电器、××广场内部众多商户，全部参与了此次活动。

（3）通过多种类的媒体渠道扩散宣传

总部推广：包括新浪微博活动首页专题推广、门户网站、论坛、QQ群、统一海报等。

地方推广：报刊、电台、网络、各地官方微博、广场内部LED大屏同步宣传。

四、营销总结

（1）快速聚集意向用户

2012年2月9日至2月14日，@××广场粉丝新增54万人，各地××广场微博粉丝总共增加36万，整个活动的参与人数超173万。××广场官方微博创造了同期官博转发、评论量第一的纪录。6天时间，总转发量2692141条，评论量819615条。××广场博文曝光量2月—3月份出现剧增势头。活动之后的数月博文曝光量在100万/天以上。

（2）@××广场官博影响力剧增

××广场官方微博连续6天在新浪微博的全站影响力排名第一，从2月9日微博上线，××广场官方微博影响力即攀升至800的高点。本轮营销后，××广场官博影响力进入平稳增长阶段。

（3）良好的品牌形象推广

××广场情人节系列活动，连续占据新浪微博24小时活动热榜榜首，全部活动均入围新浪微活动前两屏，被微博网友戏称为新浪微活动"××占领周"。以微博为核心的全国跨区域营销试水成功，赢得了较高的品牌知名度、口碑、影响力传播和回报。

第十一章
直播营销推广

【章前概述】

互联网时代,总爱制造"元年",如果给2020年"制造"一个元年,那么就可能是"直播带货元年"。直播是目前房企线上营销的主要方式之一,而流量明星+直播平台+特价房的模式是目前房企主打的直播形式。

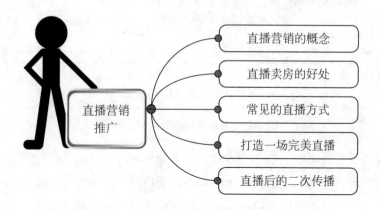

一、直播营销的概念

直播营销是指在现场随着事件的发生、发展进程同时制作和播出节目的营销方式,该营销活动以直播平台为载体,达到企业获得品牌的提升或是销量的增长的目的。

二、直播卖房的好处

虽然直播卖房存在痛点,实际销售效果存疑,但站在房企角度,邀请大牌明星或者网红直播卖房的背后,其实是有多重目的的。

1. 销量不是唯一指标,激活销售、创新营销模式才是关键

受新冠肺炎疫情波及,2020年一季度以来,大部分房企业绩受影响较大,线下营销难以施展。线上卖房除了全国房源分布广泛的恒大之外,其他推行的房企效果有限。在这种情况下,介入火热的直播卖房成为选择。

对房企而言,直播卖房是激活销售、发力营销模式创新之举。具体表现如图11-1所示。

1	邀请网红或者大牌明星直播卖房,一场直播能覆盖到的人群高达数百万,甚至超千万,其中总有一部分人具有真实的买房意愿,直播卖房可助力房企实现线上精准蓄客
2	房产作为大宗商品线上交易不现实,但是有了线上的交互,可能客户实地到案场参访一次或两次就能下决心购买,这也等于降低了客户的来访成本和房企的接待成本
3	直播卖房可强化房企的品牌形象,即便是来给明星捧场的粉丝,也能在他们心里种下对房企品牌的认知,达到品牌传播的效应

图11-1 直播卖房创新之举的再现

观察介入直播卖房的房企,发现呈现不同的特点。有的房企临时做一次浅尝辄止,有的把自己项目的房源作为明星众多带货品类中的一种。这样的房企多半为匆匆上马,只是将直播卖房视为一次品牌传播,或者只是为了应付上级领导问责而摆个积极创新的姿态而已,并没有认识到直播卖房的价值,缺乏系统化的营销创新思维。而有的房企做的是包场,买断了明星当晚直播的整个时段,并联动了自己的区域项目营销团队,做前期预热直播。当晚和明星一起做直播,收效明显,同时也培养了自己的带房主播。

比如,碧桂园的"5爱5家购房节",从2020年4月20日起至5月10日,时间跨度超20天。5月5日当晚,汪涵、大张伟直播卖房的同时,各地分会场的区域总裁、副总裁、营销总监们也接入了直播间,提供了各自"专属"购房福利。

再如,正荣地产直播卖房也不只是2020年6月16日晚上一场。加上前宣,一共铺设了14天长线，除了6月16日当晚的直播盛典，其余直播都是在区域进行的。区域前置直播获得的流量在6月16日导入总部大直播，促进了流量变销量。并且，早在年前，正荣就已启动了线上小程序的开发，疫情后立刻举办了各区域的荣主播直播PK赛，让一线置业顾问们积累了直播经验。

2. 打造线上线下营销闭环，减少对分销渠道的依赖

随着调控的深入，楼市进入买方市场，拥有触达客户优势的分销渠道，比如中介门店，迎来了新房业务的春天。他们帮助开发商拉客户到案场分销卖房。

比如，正荣苏州香山麓院别墅项目，区域板块基本被分销商垄断；三亚楼市，新房销售也基本被两大分销商垄断。

关键的分销商出于利益导向，往往同时分销多个楼盘，哪个项目好做、给的佣金高、结佣速度快，就把手中的客户重点拉到哪个项目。甚至还会出现原本自然到访项目或房企自销团队的客户被分销商撬走的现象。这种情况下，房企的自销团队甚至变成了分销商在案场的"服务员"，房企陷入了靠分销卖房的怪圈。而直播卖房为房企打破依赖分销商的困境提供了一个界面。

线上作为流量入口，明星流量+直播平台流量，一下子扩大了房企项目的客户触点面。且直播平台不介入交易，买房客户线下交易仍要转到开发商案场完成，让开发商有机会构建线上蓄客+现场带看+线下签约的闭环营销模式。

比如，正荣苏州香山麓院别墅项目在直播结束次日，通过直播导流实现成交2200万，节约了上百万分销费用。

小知识

线上完场锁单+现场带看+线下签约是未来房企营销的标准打法，房企应积极拥抱线上，构建线上线下联动的营销模式。

直播卖房的效果

除了疫情倒逼房企探索线上营销外，当前的购房主力军是80后、90后，他们成长于移动互联网时代，乐于尝试新鲜事物，加之直播平台百花齐放、

VR全景看房技术的成熟，多因素综合作用，推动直播卖房持续走向火热。

从房企释放的销售业绩来看，邀请明星作为主播来卖房确实有成效。

2020年4月2日晚，薇娅直播带货的复地在杭州的酒店式公寓，有1400多万网友在线观看，521元/张的买房折扣兑换券共计售出835张。

2020年4月24日晚，恒大直播卖房首秀，明星佟大为、淘宝TOP级主播烈儿宝贝同台带货，38套特价房1秒被抢光，共售出6848张"99抵10000"购房券，在线观看人数超600万。

2020年5月5日晚，碧桂园"5爱5家购房节"，汪涵和大张伟与碧桂园7个区域总裁组成直播天团，成功吸引近800万人在线观看，碧桂园官方抖音号增粉18万，踏进百万级，合计售出约2.5万张意向券，认购金额约25亿元。

2020年5月14日，明星刘涛直播间带货多个品种，其中含一套半价的万科双月湾海景房，被秒光。当晚，四个小时直播观看人数超过2100万，直播交易额超过1.48亿元。

2020年6月17日，刘涛又被碧桂园邀请直播带货绍兴玺园项目，推出10套房源，建筑面积从128平方米至169平方米不等，总价从385万元至528万元不等，平台官方补贴从30万元至42万元不等。10套房源10秒内被秒光，直播间同时在线观看人数超1100万。

2020年6月17日，正荣地产在京东直播间邀请了综艺节目奇葩说"金句女王"傅首尔，与正荣地产营销中心负责人李光及正荣另两位营销大咖同台直播，共吸引超1500万人围观，抢券量超过6万，当晚正荣地产京东旗舰店粉丝量增加超20万，助力正荣6月上半月收获业绩超100亿元，环比5月上半月业绩翻番。

三、常见的直播方式

对于房地产行业来说，常见的直播方式有图11-2所示的几种。

1. 与网红跨界直播

房地产企业可邀请当下自带粉丝流量的网红来到直播间，利用其粉丝经济开展富有生活气息的直播。用多样的形式，贴近时下有趣话题的内容吸引目标客户关注。

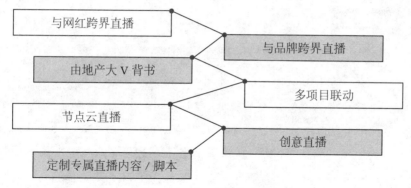

图 11-2　常见的直播方式

2. 与品牌跨界直播

房地产企业可与其他品牌进行跨界直播，灵活多变的直播形式让品牌跨界成为可能。在宣传自家产品时，连带出对方产品，对品牌推广将会起到比较大的传播作用。

3. 由地产大 V 背书

地产大 V 作为行业标杆引领着无数关注房产人的动作走向，房地产企业可邀请地产大 V 做客项目直播间，运用访谈、讲座、连麦等多种方式为项目背书，扩大项目在行业内的名气。

4. 多项目联动

联合多项目为客户带来一场直播盛宴，让客户能在一场直播中了解不同项目的优势，用提供更多的选择来吸引客户来到直播间。

5. 节点云直播

在线上售楼处开放的同时，将地产节点活动搬到云上进行。线上发布会、线上开盘、摇号、样板间开放，不同的平台，让观众感受一样的精彩。

6. 创意直播

直播实地体验，突出生活场景，增强带入感，创意性和趣味性十足，可丰富直播内容，吸引更多人群。

7. 定制专属直播内容 / 脚本

让吉祥物或置业顾问现身——定制直播设定，走进样板间，利用抽奖植入广告，与观众互动。

碧桂园创新直播形式

数据显示,碧桂园在2020年5月5日举办的"5爱5家直播购房节"2小时的直播中,共推出覆盖76个城市的1.7万套精品房源,折扣让利前所未有。在持续2小时的直播中,主直播间连同29个分会场共吸引了近800万观众围观,直播收获总音浪587.1万,登录抖音直播小时榜第一名。一举创下房企线上直播新纪录。据统计,直播期间碧桂园共实现认购约25亿元。

"直播大事件"的成功打造,也源于碧桂园"总部联动区域"的直播形式3个创新:

1.总部主会场主打商业化直播,打造由"流量明星+意见领袖+行业专家"的房企主播阵容,让线上直播兼具话题性、趣味性、知识性,传递碧桂园的品牌价值及产品力;区域分会场则主打原生个人直播,启用"销售红人+区域负责人"的直播组合,实现区域特定楼盘的直播看房,向消费者传递更详细的产品信息。

2."联动全国的区域、项目进行直播,可以发挥碧桂园布局全国的优势。并且,在形式上突破过去直播卖房的单一会场模式,凸显直播规模化、矩阵化。这不仅仅是打造一场碧桂园特色的大型直播秀,同时也将全国各地的优秀产品一起呈现给大众。"相关负责人介绍,"多个会场同时展现,我们希望在直播间通过多样化的房源吸引更多的意向客户、潜在消费者。"

3.在直播页面的设置上,碧桂园在主会场页面设置了区域专栏,引导消费者选看不同区域的意向楼盘,实现对用户的精准引流。此外,全国联动也让碧桂园可以调动多方力量,进行营销事件的区域扩散。在区域层面,激活碧桂园社群资源,由置业顾问在社区业主群扩散直播信息;发挥区域资源优势,利用社区、案场扩散直播信息。在总部层面,整合多平台资源,以抖音为核心,辐射字节跳动系列产品,全网平台多维扩散信息,为直播造势,引发多圈层关注,并借势明星效应,选用国民级嘉宾坐镇,以其粉丝影响力带动碧桂园直播"出圈"。

巨量引擎引领的短视频+直播的营销方式前景可观。短视频内容用户留存时间长,主播和粉丝在线交流,强化彼此的互动性,拉近了主播与用户的距离。而短视频与直播相辅相成,带来了流量转化。目前,碧桂园正以官方抖音账号为核心,持续建设区域账号矩阵,打造碧桂园抖音传播矩阵。

四、打造一场完美直播

直播并不只是一个主播，一台手机那么简单，而是需要完善的流程才能打造一场完美的直播。

1. 直播的流程

直播流程如图11-3所示。

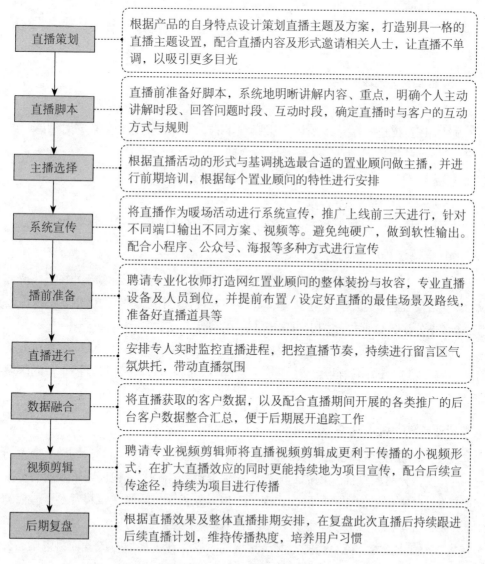

图 11-3　打造一场直播的流程

2. 直播前的准备

（1）直播镜头及设备。不推荐第一视角的近距离自拍，避免死亡前置视角；但第二视角因为看不清自己的面部表情，效果也不一定最佳；如果坐播，以固定机位自拍的形式，如果是移动播放，建议对方拍摄；同时一定要注意防抖，尽量用稳定器。

（2）直播设备及人员配置。手机、直播架、展示物料及展板，直播人员2~3名。毕竟直播具有不可逆性，所以直播过程中的环节需要提前彩排试播，以保证说词、动线、植入内容、互动安排的合理性，以及直播过程可能出现的问题的紧急应对。

3. 直播应注意的事项

（1）开适当的美颜、滤镜，调整最佳角度，女士简单妆容，男士正装。

（2）在直播过程中，主播切勿喋喋不休地不停说，要有和受众的对话感，如果自己不具备控场能力，有个搭档比较合适。

（3）切勿一个画面静止不动，多些准备应对突然的"冷场"。

（4）多关注即时屏幕留言，多频次地互动。

（5）直播角度很重要。自拍若效果不好，主播的脸可能会引起观看者不适。

4. 直播过程中如何导流

（1）分享不要停。直播过程中，策划不间断分享链接到微信群，并配合诱导性转发语或红包刺激呼吁同事、媒体积极转发直播链接。同时主播也要不断提醒观看者多分享，分享可截图，可送电子小礼品等。

（2）同城导流同步。在个人直播平台上，将业主、老客户、意向客户拉入其中，进行现场互动，如抖音、快手等平台都有"同城"推荐，将直播平台的区域在线客户大数据进行导入。

5. 直播中现场互动怎么做

（1）调动粉丝活跃度。根据直播的市场，设置互动问答环节，调动直播室粉丝活跃度；分时段直播现场福利派发，送优惠券、礼品、红包，要求观看者分享链接（直播平台私信加微信群，实现第一步导入线下，同时注意抖音对于微信的屏蔽性，可用扫二维码、加我好友等词代替）。

（2）硬性植入。待直播固定某个环境的时候，在主播后方放置项目电话、公众号及个人咨询微信。

五、直播后的二次传播

1. 播后营销，客户黏性要跟上

（1）直播结束后，第一时间梳理客户，私信客户，快速进行第一遍的梳理筛选，筛出凑热闹的粉丝，表示感谢；快速回复问题，针对性问需求；意向客户，深入沟通，并准备单独奖品。

（2）老客户的微信维系跟上，并希望支持下次直播。

2. 微推内容要跟上

统计在线观看总人数、点赞数、咨询量等数据，或在互动期间新增的趣味互动和话题，快速制作刷屏随手推或是微推，引发业内传播学习，同时放大优惠力度的宣传，带动项目线上热力传播。

3. 二次营销造话题

若视频效果比较显著，或因直播中有大流量IP合作，新增粉丝量较多的，需快速保持热度，策划推出直播第二季内容，保持关注度。

4. 放大成交案例

若有意向客户、老客户在直播中因促销优惠打动成交，在目前地产直播话题感强的背景下，快速放大直播效果，引发病毒式传播，吸引网媒、自媒体大V等关注并助力传播。

相关链接

现阶段地产直播痛点及解决方案

1. 痛点现象

（1）销售人员形象不规范，未显示出职业性，不能将项目的品质透过销售人员形象打造出来。

（2）项目信息不明显，客户获得的信息模糊。

（3）直播场景杂乱，未能体现项目品质。

（4）直播形式单一，不能吸引更多流量。

2. 解决方案

（1）将销售人员全面包装，从服饰、妆容到表情管理进行专业培训，打造上镜、精致、职业的妆容，将销售人员打造为各具风格的直播网红。

（2）将直播地点转移至项目房间，在直播的同时让客户了解房子的品质，可融入带客户线上实地参观房间的环节。利用专业的直播设备，打造一流场景，让每一帧画面都像电影镜头。

（3）配合直播前期进行推广活动，通过媒体渠道、小程序等多方面全位开展，将直播影响放至最大，吸引更多关注，助力直播传播率。

（4）引进更多地产行业标杆及网红大V资源坐镇，配合项目，为项目进行背书。将更多行业专业声音引入项目直播，为项目发声，提高公信度，扩大宣传渠道。利用大V粉丝经济，将粉丝转化为目标客户。

（5）提供最有创意的后期制作，为后期宣传传播再掀浪潮，持续吸引客源关注。打造爆款视频，持续发酵自发性传播。

第十二章
短视频营销推广

💡 【章前概述】▶▶▶

高日活、高频使用次数，电商与短视频平台的深度融入，毫无疑问，在互联网时代，短视频头部平台必将成为新的广场。在这个新的广场里，目之所及皆是年轻人，这逐渐让短视频平台成为品牌和商家的营销主战场。

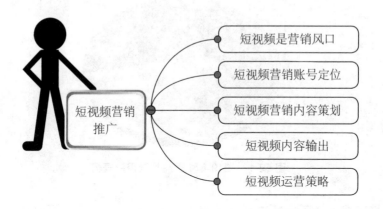

📄 【内容解读】▶▶▶

一、短视频是营销风口

近几年，短视频逐渐成为营销获客新战场。抖音、快手发布的大数据报告显示，抖音日活突破4亿，快手日活突破3亿，短视频营销风口已来。

1. 短视频用户与购房人群重合

根据《2019中国网络视听发展研究报告》，截至2018年年底，中国网民规模达到8.29亿，其中87%是网络视频用户，为7.25亿。这其中，短视频用户的规模最大，为6.48亿，2019年中国短视频用户使用时长首次超过长视频，仅次于即时通信。而在2018年，网民上网使用时间排序为即时通信、在线长视频、短视频、综合资讯。

在短视频用户里，近三成用户每天使用2～5次短视频产品，用户普遍集中于5～10分钟的碎片化时间与10～30分钟的中长时消遣，尽管应用时间较为碎片化，但单日使用时间不可小觑。年轻人是房企的核心客户，数据显示，2018年以来，购房者平均年龄为29.5岁，26～35岁的购房人群占比50.1%。

而根据艾瑞数据，2019年中国短视频用户里，25～35岁人群占比51.3%，这与主流购房人群年龄段存在高度重合。如图12-1所示。

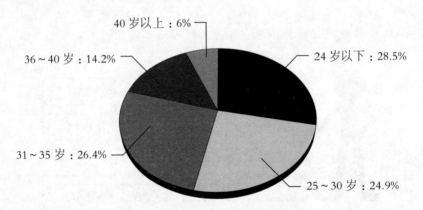

图12-1　2019年中国短视频用户概况

2. 打通线上线下，精准推送给附近的人

尽管短视频用户与购房人群高度重合，日活高基数大，然而对于房企而言，能转化、能成交才是王道，短视频真能打通线上线下，精准地推送给本地意向群体吗？

针对本地化营销，短视频平台都开发了同城、POI推送等模式，用户可以选择添加地点信息，或者开通POI信息流，在视频发布后，平台首先会先推送给附近的用户去看，你能精准地触及附近的人。并且，短视频平台开发了通讯录好友功能，如果你通讯录里的好友没有删除你的联系方式，他的推荐里会自动显示你发布的视频，这无疑能增加客户黏性。

比如，2018年8月，一段短视频火爆郑州：六位优雅迷人的精致女性，现身郑州北龙湖金茂府，以不同身份定位演绎一幕幕生活美学大片，一周的时间内获得超过100万点赞，案场来电量暴增72倍，郑州北龙湖金茂府也迅速成为郑州网红楼盘。

二、短视频营销账号定位

为什么做短视频运营之前，先要做好账号定位呢？其实原因很简单，如果没有做好账号的定位，那么结果就是账号定位不明确，粉丝的精准度和用户黏度就不会太高，后期的转化和变现都会很难。对于房地产企业来说，做好账号定位可从图12-2所示的几个方面入手。

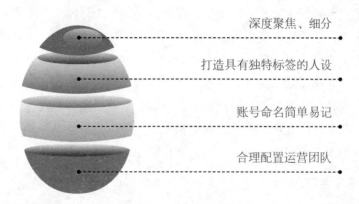

图 12-2　短视频账号定位的要点

1. 深度聚焦、细分

地产人做短视频，目标用户肯定是房地产关注者，所有选题也必须围绕买房来展开。

房地产关注者中，如果进一步细分，可以分为投资客、刚需客，或全国性投资客、本地投资客。

用户定了，再来围绕用户确定内容方向。比如针对全国投资者，内容方向可以是宏观趋势、城市分析、选筹、买卖时机等，针对区域内投资客户，内容可能会更聚焦区域内片区分析、城市规划利好、买哪里赚钱、具体楼盘推荐等。针对全国刚需客，内容方向则是房产知识普及、买房指南等。

对于大部分房地产企业而言，做视频号的目的有两个，如图12-3所示。

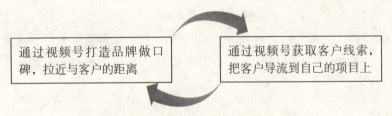

图 12-3　房地产企业做视频号的目的

对于地产销售，也可以考虑创建运营个人短视频账号，为线上获客开辟一条通路。

2. 打造具有独特标签的人设

短视频的底层逻辑是真人真社交，所以做短视频尽量要有真人出镜。比如你在朋友圈里发干货，大家不一定点赞，但发自己照片的时候，一堆人来点赞。

目前，抖音上的房产类账号，做真人口播类的以男主播为主，做项目探访则以美女为主。账号人设主要为房产专业人士，因为有大量的专业人设，所以展现出个人特色就非常重要，比如某账号主播是电视台主持人出身，讲解时可以强化自己这方面的特色。如果你个性幽默，在讲解时就可以充分发挥这个优势。

当然，如果你能在房产专业上做到极致，也能形成自己的独特标签，比如你对学位房有很深入的研究，也可以打造学位房专家人设。

3. 账号命名简单易记

很多对短视频内容有需求的用户会直接通过视频号上方的搜索框来搜索账号，这个时候，一个指向明确且简单好记的账号名字就非常重要了。

从目前房产类大号来看，除了房企官方类账号，很多打个人IP的账号，账号名称都是以"姓名+房产"为主，比如××说房、××看房等，区域类账号则以"城市+房产"为主，比如广州买房、深圳房产等。

这是比较通用的做法，如果希望个人风格更加凸显，可以采用个性化名称，让账号更加有记忆点。

比如，大胡子说房，这个名字听起来就很形象，再结合主播的形象，就很容易让人印象深刻。

4. 合理配置运营团队

很多房企做视频号，内容都是外包的，这种情况下，一般团队配置1名专员运维账号即可。

如果组建专门的团队来做短视频，一般配置4～6人不等，包括摄像、剪辑、脚本和主播。不过，真人口播类视频一个人可以包揽脚本、录制和剪辑，全部在手机上完成，早期人手不够时可以这样操作。

> **小知识**
>
> 做好了账号的定位，再进行内容创作，吸收粉丝，这样得到的粉丝，才是有利于转化的粉丝。

三、短视频营销内容策划

账号定位明确后，所有内容都要围绕目标读者，只为这一类人提供内容服务。

1. 话题设定

据统计，房地产类视频账号中，房产知识、实地探盘、购房指南这几类内容最受用户关注，也是目前短视频账号的主流拍摄方向。对于房企类账号而言，城市分析、区域分析、项目特色、买房小剧场、户型解析等等也都可以成为内容方向。

（1）房产知识普及。如果主播是资深地产人，非常懂行，可以做到张口就来，只要定下选题就可以进行录制了；但如果主播知识储备有限，则需要提前写好脚本，交给主播来口述。这类内容大部分是真人口播形式，主要是树立房产大V的IP，让客户认可，然后再想办法把客户引导成买房客户。

如果是房地产企业做这类视频，可以考虑让区域营销总监出镜讲解传授知识，更有说服力。

（2）项目探盘。项目探盘主要是让读者跟着主播镜头去看楼盘，这种内容也很常见，可以做成一个系列，选题策划很简单，只要选楼盘就行了，但是拍摄涉及外景和多个镜头，制作成本相对较高，一般需要2～3个人配合。

（3）豪宅鉴赏。很多人住不起豪宅，但是对豪宅很好奇。

比如，"康康说房"这个账号主打揭秘明星名人豪宅，虽然不是实地探访，但也吸引了一大波粉丝。

主播如果能把世界各地豪宅的相关内容整理出来发布，相信对读者来说也非常有吸引力。

（4）行业爆料。比如揭秘售楼处的秘密、逼定客户有哪些套路、中介带看有什么猫腻等等，但是这种选题要谨慎，不好把握尺度。

（5）打痛点讲故事。这种选题主要是找到客户买房的痛点，然后通过剧情类视频打动客户，引发客户感情共鸣。

（6）通过类比凸显项目特色。一般采用类比的手法来展示项目特色。

比如，碧桂园策划的工地进阶系列视频，就通过类比将项目优势及特色很好地展示出来了。

这种类比的点可以挖掘很多，如不同的客厅、不同的玄关、不同的景观、不同的厨房等等，不过前提是这确实是项目优势。

（7）借鉴爆款选题。平时多留意其他行业的爆款视频，其选题思路都可以套用在房产行业。

2. 展现形式

从目前房产短视频来看，视频展现形式主要有图12-4所示的四种。

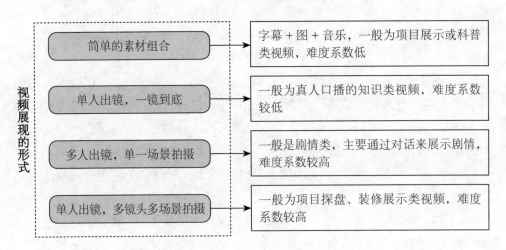

图12-4 视频展现的形式

比如，碧桂园在"买房避雷针"系列视频中，单人出镜，多镜头拍摄，以小剧情开头，再引入项目特色的介绍，过渡自然，也不会因为场景过于单一让用户审美疲劳。最后呈现效果也非常不错。

3. 做好剪辑

短视频时长、内容、剪辑都非常重要,据统计,抖音平台上,视频时长在20秒以内,能保证比较好的完播率,超过20秒,如果内容不够抓人,就会导致很高的跳出率。

抖音视频这么火,有很大部分要归功于他们的音乐库,甚至很多音乐火出圈,被称为抖音神曲,可想而知好的音乐对视频的提升作用。有人统计,好音乐能提高短视频播放量、互动量20%左右。

此外,还要充分利用好视频素材,比如道具、表情包、影视剧片段、贴纸等。

4. 标题设计

有封面的短视频让人一眼就看出来主题是什么,更吸引人点击,相比无封面的短视频,需要认真看才知道主题,明显不够抓人眼球。

标题非常重要,当前短视频的标题都非常精炼简单,大部分都以疑问、悬念等语句为主。

比如,买房如何挑选楼层?住在科技住宅里是什么体验?可以多使用如何、怎么样、难道、竟然、居然等语气强烈的词语。

四、短视频内容输出

幽默、美食生活、技巧知识是目前最受欢迎的三大品类短视频。短视频简练、快捷、生动,因此用户对于技巧性、实用性强的知识内容接受性更强。有数据显示,63.3%的用户因学习知识与技能的原因开始使用短视频产品,而55.5%的用户表示喜欢技巧/知识类短视频内容。这就需要房地产企业在短视频内容上做到娱乐、干货两手抓。

1. 通过娱乐类短视频快速吸粉

可以看出,点击量最高的往往是娱乐、搞笑类短视频。娱乐类短视频可以给账号迅速增粉,当然即使是搞笑也要与账号内容和人设相符。娱乐类短视频可以采用图12-5所示的三

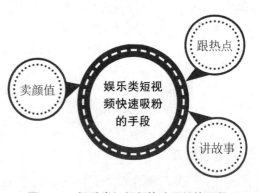

图12-5 娱乐类短视频快速吸粉的手段

种手段来快速吸粉。

（1）跟热点。在初始阶段，地产人可以根据自身定位选择热点段子去模仿，或者模仿某个明星说话、标志性动作。模仿热门歌舞或电影、电视片段也是快速吸粉的手段。但切记勿盲目追求热点，内容符合自身定位是前提。

（2）讲故事。每个地产人都听过不少买房或者卖房的故事，这些故事都可以简化情节拍成短视频。

比如，置业顾问的日常系列，置业顾问下地收麦子、跑前跑后无所不能的段子总是能引观众一笑。同样一种故事结构，可以不断代入不同的场景，如花样发传单、花式邀约、花式讲解等等。

对于剧情类短视频，"反转"是一个必杀技。反转的核心在于首先构建一个逻辑，列出故事中的基本点，随后强行让逻辑与基本点不符。

比如，在地产百万大V大阳的一个视频里，大阳指着背后的大楼说："我身后这栋楼就是我今年投资的，拍这个视频不是想炫耀什么，而是要告诉广大的年轻人，有梦想就要去追。"随后话音一转，"不要像我一样，随便指着哪栋楼就说是自己投资的"。

> **小知识**
>
> "抓痛点"也是一大必杀技，"买房难""回家"是一个永恒的话题，地产人可根据用户对于房子的痛点创造出有感染力的故事。

（3）卖颜值。美丽的人、萌萌的小动物、令人震撼的美景永远能瞬间抓住人们的眼球。涉及项目营销时，不妨在视频里引入帅哥美女、萌宠、吉祥物等元素。除了突出美轮美奂的样品间、小区园景，还可以走出去拍拍周边优美的风景，走出去才能扩大客户群。

比如，成都龙湖，通过龙湖玩偶、周边银杏树、周边街区等美景吸引大量点赞。

2. 有干货才能长久留住用户

在目前的地产类短视频中，主打干货类账号为多数。地产类干货内容主要以解读房产政策、买房注意事项、户型设计为主，风格较为单一，几乎全部以口播形式呈现，部分制作精美的视频会配上背景图。

由于地产人还未大规模进军短视频，目前区域性显著的房产类视频网红并没有诞生，这对耕耘于某个区域的地产人来说是个机会。且在房产类干货这个领域，还有很大空间。每个人一生会与房子发生诸多联系：租房、买房、卖房、装修、物业、养老等等，房子会将每个人置于一个关系网络里，小到邻居、物业，大到区位、城市群，干货类短视频还大有可为。

相关链接

地产短视频翻红指南

抖音短视频是被地产行业忽视的宝藏。2019年8月29日，"美好D造者——2019抖音北京房地产行业峰会"在北京达美艺术中心举行。峰会现场，智享传媒北京区域总经理分享了地产短视频的翻红指南——"说、学、逗、唱"，为地产企业带来实操性的营销经验总结。

1. 说

即利用短视频的超高流量叙述最大信息量，可以通过参与挑战赛，使用@功能与其他账号产生互动、提炼文案核心信息，提高内容的参与性和吸引力。

2. 学

即内容要简单易模仿，充分利用追随者效应带动更多人参与。例如，碧桂园在抖音短视频发起的#家圆团圆#挑战赛，寻找最"家"导演，并邀请郭冬临倾情演绎，发挥明星影响力，带动更多人参与。数据显示，活动收获了30.8亿次播放，引发用户广泛互动。

3. 逗

即视频内容要讲究趣味性。在全民娱乐狂潮中，有趣不一定会火，但无聊一定不会火。

4. 唱

音乐是打造抖音短视频热门内容的利器。很多音乐在抖音短视频上红起来，并成为用户视频内容的BGM。

比如，天津新城吾悦广场打造的抖音定制主题曲，在抖音短视频收获了37万播放量，成为7800条视频的BGM，将吾悦广场潜移默化地植入用户的心智。

> 除了内容创作,地产企业还可以打造抖音蓝V,利用优质内容进行粉丝转化,沉淀私域流量,开辟品牌专属营销阵地。
>
> 抖音短视频丰富的互动玩法为地产企业带来了更多的营销空间。孔雀城、泰禾、万科、融创、碧桂园、恒大……越来越多的地产企业在抖音短视频建立了营销阵地,地产营销正在进入"抖音时间"。

五、短视频运营策略

好的创意是打造"网红"的第一步,然而"酒香也怕巷子深",要真正联结到更多客户,营销人必须懂短视频运营,具体策略如图12-6所示。

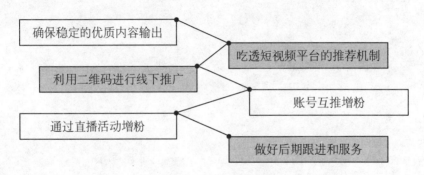

图12-6　短视频运营策略

1. 确保稳定的优质内容输出

运营短视频千万不能三天打鱼两天晒网,最好每天能保持一条以上的视频输出,这一点非常重要,持续性的输出对涨粉和增加粉丝黏度都非常有利。最好先储备半个月的视频量再启动账号,这样做起内容来更从容。

2. 吃透短视频平台的推荐机制

不管是抖音还是微信短视频号,都要吃透平台规则,只有充分利用好平台机制,才能事半功倍。

(1)抖音上,发布时带上话题与地点能带来大流量。在抖音发布视频,发布时可以选择加上地点信息,因为抖音能根据你的位置给你推荐视频,所以添加上位置能让你被更多附近的人看到。

另外，在视频发布后，要努力提高视频的点赞、关注、评论和转发四个指标，这几个指标越高，你能分发到的流量也越多。

（2）在微信视频号，提升视频号的点赞数，有助于帮助视频号出圈。当朋友点赞了你的视频后，你的内容会更容易出现在看信息流，而陌生人点赞，有助于你的内容出现在热门信息流，账号的整体曝光量也增加了。

另外，提高转发也能很好帮助账号涨粉。别人转发越多，看到账号内容的人就越多。

3. 利用二维码进行线下推广

微信视频号跟公众号一样，带有二维码，如果有公众号的话可以从公众号导流，同时也可以从线下导流。

4. 账号互推增粉

前期启动阶段，当粉丝积累到1万左右，就可以开始进行账号互推了。不过一般是找粉丝量相当的账号进行互推。

5. 通过直播活动增粉

当你的视频账号沉淀了一定数量用户后，可以定期或不定期开通直播，跟用户进一步互动，现场回答用户的问题，这样也有助于涨粉。

比如，深圳某房产大V，每周三固定在抖音进行直播，除了分享干货，还会用半个小时时间跟用户互动，每次直播增粉都比平时高20%左右。

6. 做好后期跟进和服务

对于地产人来说，做短视频的目的是获取客户。当你的短视频账号沉淀了大量粉丝，他们可能会来咨询你买房问题，这个时候你就可以引导他们成为买房客户了。针对咨询的意向客户，根据情况进行分类。

比如，在一线城市，购买预算在1000万以上的，要有专人跟进维护，购买预算在500万以下的，导流到微信群里统一维护，匹配房源，再根据实际情况安排带看。

短视频营销该如何做

1. 诉求清晰，明确你要做什么

是为了传播品牌还是实现转化？如果转化是下单，那么一定需要持续性的营销，单次效果不会很好。因为传播品牌，只需让用户到一个了解的程度，有初步印象就行。

2. 内容策划一定要结合产品和诉求

形式需要脑洞大开，根据产品不同调性，视频可能需要走心的、无厘头的、魔性的、干货有价值的、吐槽的等等形式，但是无论用哪种形式，都需要结合产品价值，策划需要有创意。

3. 产品植入一定要巧妙，不能太广告化

但凡广告明显的内容很难得到大规模转发，除非你的内容价值大到可以抵消用户对广告的反感，这种价值可以是深度或娱乐的，但是每个人的价值点不一样，所以很难做到一个所谓的最高价值视频。那么最好的方式就是植入巧妙，润物细无声。

4. 视频长度要严格控制

最好是控制在5分钟以内，注意节奏，便于传播和无Wi-Fi的情况打开。有调查发现，超过5分钟的视频，有95%的人不愿意用流量观看，但是2～3分钟的视频有60%的人还是可以接受直接用流量观看；其次，短视频的节奏一定要快，包袱最好密集。时间太长容易让观众分心走神，导致根本看不到最后就关了。

5. 视频发布时间要把握好

最好是星期六上午10点，且避开大事件。因为大部分人在家，有Wi-Fi，刚起床会刷朋友圈或者微博，更容易看到。有专业人士做过对比测试，发现前3个小时的传播增长速度周六上午最好。

6. 标题和封面一定要做好

标题和封面直接决定视频的生死，一定要抓人性。因为每天我们都活在各种信息流里面，决定我们是否点击一个内容的时间也就几秒钟，所以标题一定要短，关键字明显。封面最好是博眼球，或者勾起好奇心。

REAL ESTATE

房地产项目策划与实施从入门到精通系列

03

第三部分
销售管理

REAL ESTATE

导言

　　一个优秀的销售团队可以把企业的产品优势和企业品牌发挥到最大化，这将为企业带来最实惠的效益——花最少的钱办最大的事；相反，销售团队的拙劣表现，将会使企业陷入全面被动。

1. 组建销售团队
2. 制定销售制度
3. 销售成本管控
4. 售楼处形象设计
5. 案场客户接待
6. 案场销售控制

第十三章
组建销售团队

💡【章前概述】▶▶▶

有人说,销售人才是企业的"金山",有人用"三分天下有其二"来形容销售队伍的重要性。无一不说明销售团队是公司获取利润的直接工作者。销售团队的水平很大程度上就决定了企业的生存和发展空间,而销售团队的组建就为未来发展态势定了基调。

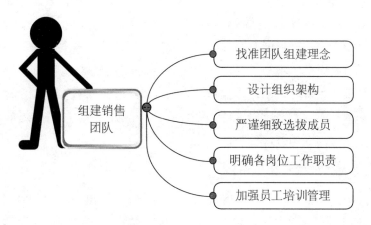

【内容解读】▶▶▶

一、找准团队组建理念

商场如战场,销售队伍就是企业占领市场的先头部队,是促进公司成长、扩大市场份额和提高盈利能力的关键因素之一。因此,组建一支优秀的团队尤为重要。

1. 基于岗位责任制以项目销售经理为核心组建团队

在设定科学合理岗位责任制的基础上充分授权，以销售总监为核心组建销售团队。销售总监对销售团队其他管理人员（如销售主任）、功能成员（如销售助理、客户服务、财务等）、置业顾问的人员数额配置、入职标准、基础薪酬标准等拥有选择权和决定权。公司领导、其他部门和个人不能擅自超越岗位职责范畴干涉项目销售总监组建工作。

销售总监在公司授权下，充分按照个人的理念和工作思路开展团队组建工作，销售总监全面主持项目销售部工作。这有利于日后工作中销售团队的思路统一、传达顺畅，形成一支富有激情、凝聚力强、执行力强的销售团队，出色完成销售目标和任务。

2. 完善监督考核机制，实行业务、管理双制衡

完善公司监督考核机制，通过业务研讨机制、业绩考核机制对销售总监实现有效制衡，以免出现业务偏离或徇私舞弊等情况。

建立项目业务研讨机制，通过召开项目业务研讨定期联席会、重大营销活动、突发事件临时会议等方式，对项目的营销工作进行总结反思，针对存在问题的解决方案和工作部署形成方向性决议，以供下阶段工作执行参考，以免因销售总监个人能力欠缺、主观判断失误等原因而造成的业务偏差，使项目陷入困境。

建立现代企业管理机制，建立、完善项目各项日常管理制度、奖惩机制、绩效考核体系，通过目标管理法将任务指标层层分解，建立严格的述职与业绩考评、激励与惩罚制度和晋升机制，杜绝"人情管理"因素。

3. 优化人员结构和岗位设置

实践证明，扁平化组织、低成本运作，是实现业务快速扩张的有效模式。

房地产销售以服务为主，这就更需要扁平化组织构架和低成本的运作模式。实行功能合并，尽量少设专职管理人员，销售总监主持全面工作，由表现突出的置业顾问（高级置业顾问）兼任销售主任，销售主任职责是协助所管辖置业顾问完成业务工作、提供业务指导，销售助理兼任行政工作等。精简人员和职位的同时，提高在职员工待遇，通过有竞争力的薪酬留住优秀人才，提高员工工作的积极性和战斗能力，确保销售任务的完成。相反人员过多、机构过于复杂，容易滋生内部矛盾，尤其是业务不好的情况下更是如此。

4. 明确团队战略目标

任何目标都是为了完成一定的使命和任务而组建的,没有明确使命和目标的团队是不可能长期存在的,更谈不上有卓越的表现。因而团队组建开始就应当明确战略目标,并且要将总的战略目标有效地层层分解。

二、设计组织架构

组织架构设计是企业为实现其发展战略所进行的一项基础工作。房地产企业的组织结构设计就是对构成组织的各要素进行排列、组合,明确管理层次,分清各部门、各岗位之间的职责与相互协作关系,从而形成一个决策、执行、监督的组织结构体系。

图13-1就是某房地产公司销售部的组织结构图。

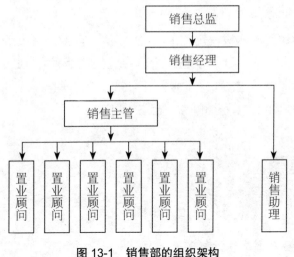

图 13-1　销售部的组织架构

三、严谨细致选拔成员

组建销售团队,最核心的是对人的识别,找适合的人做合适的事,找专业的人做专业的事。

1. 管理人员要德才兼备,基本素质要过关

俗话说得好,"兵熊熊一个,将熊熊一窝",所以必须要求管理人员德才兼

备。"德"主要包括四个方面，即责任心、上进心、事业心和爱心。作为销售总监，要有宽广的胸怀，开阔的眼界、顾全大局的观念；要有自知之明，能够超越自我；为人处事能公正、公平、谦逊。"才"主要是指要有敏锐的洞察力，富有创新精神，要善于总结提高，有强烈的务实精神，善于用人，能带出一支过硬的队伍。

2. 选拔置业顾问

管理人员的选拔主要是通过内部培养或者聘请"空降兵"来完成的，置业顾问的选拔才是销售团队人员选拔的重点。

目前，在置业顾问的挑选中，普遍存在"经验主义"的误区。十分强调应聘者的所谓"相关工作经验"，总是希望找到能迅速为企业带来业务的高手，从而免去了系统培训。事实上，有从业经历人员带来工作经验的同时，也给他们打上了过去工作的烙印，从而增加融入销售团队的难度，给销售管理带来压力，不利于团队的凝聚力形成。

因此，置业顾问的选拔一定要走出经验主义的误区，不仅仅看重从业经验，更应从职业操守、职业精神、服务理念、专业技能等多方面进行严谨细致的审查，严格把关，层层筛选，将一批服务意识强，理论涵养高，实操能力强，发展潜力大，符合项目要求的置业顾问补充到团队中。

销售人员招聘要点

一、注重企业形象设计和宣传

对于实力不强的中小企业来说，在吸引人才方面竞争力不如大型企业，在企业形象宣传方面尤其应该重视。

招聘人员的职务级别和个人素质高低，会直接影响到招聘的成功与否。企业对招聘的不重视给应聘者最直接的印象就是该企业对员工不重视。招聘人员的招聘工作态度和谈吐气质，很容易影响应聘者对企业的看法。如果在招聘方和应聘者接触的过程中，招聘方给应聘者的印象不够专业，就很容易给应聘者留下企业的整体素质较差的印象。

企业应该在现场的招聘中，从广告刊登、摊位布置到面试接待、场地布置和企业参观等，处处都应突出企业的优势以吸引应聘者。

中小企业做好招聘工作，其作用不仅仅是可以招聘到合适的人才，还可以通过招聘工作展示企业的形象，扩大企业的影响力。

二、重视对应聘者的背景调查

录用员工之前的背景调查经常被招聘单位所忽视，但这恰恰是很重要的环节。

例如现在企业销售人员挪用、侵占企业货款甚至携款潜逃的事情时有发生。还有很多应聘者伪造学历、资格证书等，企业没有审查就录用，一旦发现往往为时已晚，因为企业已经为员工在培训、保险等方面投入了很多。

另外还有一些企业利用不正当竞争的手段，故意派遣商业间谍打探公司的机密。这些都可以通过背景调查来避免。

开展背景调查可以通过以下几种途径：一是学校学籍管理部门；二是历届服务过的公司；三是档案管理部门、国有单位的人事部门和人才交流中心等。

三、礼退落选人员

房地产企业应清楚地认识到应聘者来企业应聘是对企业感兴趣，应当得到尊重与感谢，特别是落选人员，面试结果出来后，应尽快给予礼貌地回答和感谢，同时，将其资料录入企业储备人才库，一旦将来出现岗位空缺或企业发展需要时即可招入，既提高了招聘速度也降低了招聘成本，尤其适合中小企业。

另外，有一些应聘人员有退回个人申请资料的要求时，企业一定要有专人负责完整及时地将资料退还给求职者本人，切不可以"概不退还"一言了之。

四、明确各岗位工作职责

建好了组织架构，挑选好了团队成员还不够，还必须明确各岗位的工作职责，才能做到人尽其才。

按照上面设计的组织结构，各岗位的工作职责如下。

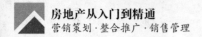

1. 销售经理的岗位职责

岗位名称	销售经理	所属部门	销售部
直接上级	销售总监	直接下级	销售主管
工作概要	深入了解房地产市场状况，负责项目的销售和管理工作，完成销售任务目标，与政府部门与其他相关部门保持良好合作关系，树立公司品牌形象		
工作职责	（1）接待中心的日常行政管理及销售管理工作 （2）市场情况的监控及汇报工作，提出推广、销售方案的建议 （3）销售部人员的招聘、培训及考核工作 （4）销售策略的执行及效果汇报 （5）来访、来电客户及各类销售数据的汇总、分析及提报 （6）销售现场的监督及突发情况处理 （7）团购客户、重点客户的接待 （8）销售价格、销售合同的编制及汇报工作 （9）客户、销售及签约回款情况监管 （10）客户满意度监管及问题客户的处理工作 （11）公司各部门间的沟通、协调工作		
素质要求	（1）大专以上学历（特殊情况可予以考虑降低标准），市场营销相关专业 （2）3年以上工作经历，1年以上本行业或相近行业销售管理经验（必需） 通晓房地产相关专业知识，掌握房地产市场动态，掌握市场营销相关知识，具备财务管理、法律等方面的知识 （3）具备一定的文字写作能力，熟练使用自动化办公软件，具备基本的网络知识 （4）具有很强的领导能力、判断与决策能力、人际能力、沟通能力、影响力、计划与执行能力、客户服务能力		

2. 销售主管的岗位职责

岗位名称	销售主管	所属部门	销售部
直接上级	销售经理	直接下级	销售顾问
工作概要	协助销售经理开展项目营销工作；市场信息反馈及销售策划工作；负责项目现场销售管理；项目数据库的建设及管理；销售人员的培训工作		
工作职责	（1）接待中心的日常行政及销售监督工作 （2）市场情况的监控及汇报并提出推广、销售方案的建议 （3）日常来电接听，登记以及日常客户接待、回访、签约及销售任务的完成 （4）营造现场销售氛围，协助置业顾问成交 （5）销售现场的监督及突发情况处理 （6）成交客户签约及回款情况汇总、分析、提报 （7）销售策略的执行及效果汇报 （8）客户满意度监管及问题客户的处理工作 （9）接待中心早、晚例会的组织工作 （10）置业顾问培训计划制订及考核 （11）公司各部门间的沟通、协调工作		
素质要求	（1）大专以上学历，专业不限 （2）1年以上工作经历，1年以上本行业或参与2个以上楼盘销售经验 （3）掌握房地产相关专业知识，掌握房地产市场动态，熟悉房地产销售流程 （4）具备一定的文字写作能力，熟练使用自动化办公软件，具备基本的网络知识 （5）具有一定的管理能力、人际能力、沟通能力、计划与执行能力、客户服务能力		

3. 销售助理的岗位职责

岗位名称	销售助理	所属部门	销售部
直接上级	销售经理	直接下级	
工作概要	协助销售经理开展项目营销工作；售前售后服务工作及相关文件的整理		
工作职责	（1）接待中心日常行政监督及记录工作 （2）接待中心日常文件归档、存放管理 （3）接待中心后勤管理工作 （4）接待中心物料申请、存放、管理、维护等工作 （5）销售数据及考核数据的统计及整理归档 （6）接待中心工作会议记录 （7）来访来电客户资料录入		
素质要求	（1）大专以上学历，专业不限 （2）1年以上本行业工作经历 （3）具备一定的文字写作能力，熟练使用自动化办公软件，具备基本的网络知识 （4）具有一定的管理能力、人际能力、沟通能力、计划与执行能力、客户服务能力		

4. 置业顾问的岗位职责

岗位名称	置业顾问	所属部门	销售部
直接上级	销售主管	直接下级	
工作概要	参与项目的营销工作；市场信息反馈；售前售后服务工作及相关销售文件的制作		
工作职责	（1）客户日常接待、记录、回访、签约（按揭）、回款跟踪、交付等工作 （2）问题客户及突发事件的处理工作 （3）完成既定的销售任务 （4）接待中心现场卫生维护 （5）销售物料的维护工作 （6）现场接待排轮监督 （7）市场调查及市场资料的收集，数据汇总 （8）外区域客户看房接待及签约手续办理		
素质要求	（1）大专以上学历（视销售能力情况可放宽到中专），专业不限 （2）掌握房地产相关专业知识，掌握房地产市场动态，掌握房地产销售流程，掌握销售技巧及各种营销手段 （3）具备一定的文字写作能力，熟练使用自动化办公软件，具备基本的网络知识 （4）具有一定的人际能力、沟通能力、客户服务能力		

五、加强员工培训管理

培训的目标在于提高销售效率,增强团队士气;能使销售人员明确为企业提供顾客和市场信息的重要性,并且了解这些信息是如何影响企业销售业绩的;能帮助受训者明确建立与保持良好顾客关系的重要性。

对于房地产企业来说,应对销售人员做如图13-2所示方面的培训。

图13-2 培训的内容

1. 仪容仪表及言行举止

在人际交往中,有80%以上的信息是借助于举止这种无声的"第二语言"来传达的,行为举止是一种不说话的语言,包括人的站姿、坐姿、表情以及身体展示的各种动作,一个眼神、一个表情、一个微小的手势和体态都可以传播出重要的信息。一个人的行为举止反映出他的修养水平、受教育程度和可信任程度。在人际关系中,它是塑造良好个人形象的起点,更重要的是他在体现个人形象的同时,也向外界显示了作为公司整体的文化精神。

语言的礼仪不是天生就会说,优美的举止也不是天生就有的,这些都是通过长期正规训练出来的,只要坚持练习,就能养成良好的仪容仪表、举止姿态习惯,自然地使用礼貌用语和自然的情感表达。这样训练出来的销售人员才具有亲和力。

销售人员的服装要整洁、合体、统一,服装颜色和现场要协调。上班必须化淡妆,语言专业,举止文明得体。

2. 销售技能和推销技巧的培训

一般包括推销能力(推销中的聆听技能、表达技能、时间管理等)、谈判技巧,如重点客户识别、潜在客户识别、访问前的准备事项、接近客户的方法、展示和介绍产品的方法、顾客服务、应对反对意见等客户异议、达成交易和后续工作、市场销售预测等。

3. 项目知识

项目知识是销售人员培训中最重要的内容之一，产品是企业和顾客的纽带。销售人员必须对产品知识十分熟悉，尤其是对自己所销售的产品。培训产品知识是培训项目中必不可少的内容。

4. 市场知识

市场是企业和销售人员活动的基本舞台，了解市场运行的基本原理和市场营销活动的方法，是企业和销售获得成功的重要条件，销售人员掌握的市场知识应当是非常广泛的，因为销售活动设计各种各样的主体和个体，有着十分复杂的方式和内容。同时了解不同类型客户的采购政策、购买模式、习惯偏好和服务要求等。

5. 竞争知识

通过与同业者和竞争者的比较，发现企业自身的优势和劣势，提高企业的竞争力。具体包括：了解竞争对手的产品结构、价格、销售以及顾客政策和五福等情况，比较本企业与竞争对手在竞争中的优势和劣势。

6. 企业知识

通过对本企业的充分了解，一方面满足客户这方面的要求，另一方面是为了使销售人员对企业忠诚，使销售人员融合在本企业文化之中，从而有效地开展对顾客的服务工作，最终达到企业整体目标。具体包括：企业的历史、规模和所取得的成就，企业政策，例如企业的报酬制度，哪些是企业许可的行为和企业禁止的行为；企业规定的广告、产品付款条件、违约条件等内容。

第十四章
制定销售制度

💡 【章前概述】▶▶▶

制度是规范员工行为的标尺之一，是企业进行规范化、制度化管理的基础。只有不断推进规范化、制度化管理，企业才能逐渐做强、做大。

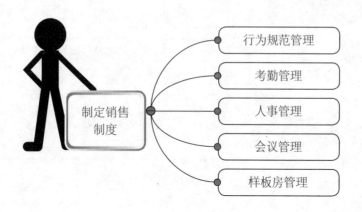

📝 【内容解读】▶▶▶

一、行为规范管理

员工行为规范是指企业员工应该具有的共同的行为特点和工作准则，它带有明显的导向性和约束性，通过倡导和推行，在员工中形成自觉意识，起到规范员工的言行举止和工作习惯的效果。

1. 行为规范的设计原则

由于员工行为规范的重要作用，对其进行设计和制定便成为企业制度建设的一项主要工作。从其内容出发，要成功地设计员工行为规范，图14-1所示的六项原则是应该是被充分考虑的。

一致性原则	是指行为规范要与企业理念高度一致、与已有各项规章制度一致、自身的各项内容和谐一致，不自相矛盾
针对性原则	是指行为规范要从企业和员工的实际出发，能对行为习惯产生激励和正强化作用，对不良好习惯产生约束作用
合理性原则	是指行为规范的内容要符合国家法律、社会公德，即其存在既要合情，也要合理，尽量避免那些看起来很重要但不合常理的要求
普遍性原则	是指行为规范的适用对象不但包括普通员工，而且包括企业各级干部以及企业最高领导，其适用范围应该具有最大的普遍性
可操作性原则	行为规范要便于全体员工遵守和对照执行，其规定应力求详细具体，这就是所谓的可操作性原则
简洁性原则	是指行为规范的内容要选择最主要的、最有针对性的内容，做到整个规范特点鲜明、文字简洁，便于员工学习、理解和对照执行

图14-1　行为规范的设计原则

2. 行为规范的内容

根据企业运行的基本规律，无论是什么类型的企业，从仪容仪表、岗位纪律、工作程序、待人接物、环卫与安全、素质与修养等几个方面来对员工提出要求，大概都是必不可少的，如图14-2所示。

仪容仪表	每一名员工都代表着企业形象，仪容仪表是一个人留给他人最初的印象。仪容仪表方面统一规范的要求为的是树立具有特色的企业形象，增强企业的凝聚力

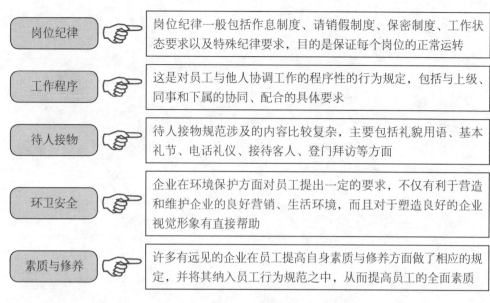

图 14-2　行为规范的内容

【行业参考】

××房地产公司销售人员行为规范

第一章　总则

1.遵守国家和地方的政策法令,遵守公司的各项规定。

2.关心公司和项目,热爱本职工作,遵守职业道德,做到文明、优质、高效服务,维护项目和公司的声誉。

3.努力学习专业知识,不断提高业务技术水平和服务质量。

第二章　工作态度

1.服从上司

各级员工应切实服从上司的工作安排与配置,依时完成任务,不得无故拖延、拒绝或终止工作。若遇疑难或不满,可向直接上司请示或投诉。非不得已时,如发生紧急情况而直接上司不在场又必须解决问题时,才可越级向上一级主管请示或反映问题。

2.严于职守

员工必须依时上下班,不得迟到、早退或旷工,必须依时按编排时间表当值,不得擅离职守。个人确需调换更值时,需事先征得项目经理同意。当值时，应严格遵守服务的各项规定与要求。

3. 正直诚实

员工必须忠于职守，如实向上级汇报工作。坚决杜绝偷盗、拾遗不报、欺骗及阳奉阴违等不道德的行为。

4. 勤勉负责

员工在工作中必须发挥高效率和勤勉精神，对自己从事的工作认真负责，精益求精，严格按质量标准操作。

第三章　服务态度

1. 友善：以微笑来迎接客人，与同事和睦相处。

2. 礼貌：任何时刻均应使用礼貌用语。

3. 热情：工作中应主动地为客人着想和服务。

4. 耐心：对客人的要求应认真、耐心地聆听，并尽力在不违背公司规定的前提下办理。

5. 乐观：服务中应以饱满和乐观的精神接待客人。

第四章　仪容仪表

1. 男士

（1）上班时间一律统一着装，保持整洁大方，工号牌要佩戴在左胸前，不能将衣袖、裤子卷起。系领带时，要将衣服下摆扎在裤里，穿黑皮鞋，要保持光亮。

（2）仪容要大方，头发要常修剪，不留长发，发脚长度以保持不盖耳部和不触衣领为度，指甲要常修剪。

（3）不得留胡须，要每天修脸，以无胡茬为合格。

（4）上班前不吃异味食品和不喝含酒精的饮料，注意个人清洁卫生。

2. 女士

（1）上班时间一律统一着装，保持整洁大方，工号牌要佩戴在左胸前，穿裙子不可露出袜口，应穿肉色袜子。

（2）女士上班要淡妆打扮，粉底不能打得过厚，且要保持均匀，与皮肤底色协调。

（3）眼影以不易被明显察觉为宜，眼线不要勾画太重，眼眉要描得自然，原则上以弥补眉形中的轻描为主。

（4）腮红以较淡和弥补脸型不足为基本标准，并能使人看起来精神饱满和具有青春朝气。

（5）不留长指甲、不涂有色的指甲油，发式要按销售管理中心的规定，不留怪异发型，头发要梳洗整齐、不披头散发。

（6）上班时间不准戴夸张的头饰和首饰，戴项链不外露，不准戴有色眼镜。

（7）每日上班前要检查自己的仪表，在公共场所需整理仪表时，要到卫生间或工作间，不要当着客人的面或在公共场所整理。

第五章　行为举止

1. 站姿

（1）躯干：挺胸、收腹、紧臀、颈项挺直、头部端正、微收下颌。

（2）面部：微笑、目视前方。

（3）四肢：两臂自然下垂，两手伸开，手指落在腿侧裤缝处。特殊场所两手可握在背后或两手握在腹前，右手在左手上面。两腿绷直，脚间距与肩同宽，脚尖向外微分。

2. 坐姿

（1）眼睛目视前方，用余光注视座位。

（2）轻轻走到座位正面，轻轻落座，避免扭臀寻座或动作太大引起椅子乱动及发出响声。

（3）当客人到访时，应该放下手中事情站起来相迎，客人就座后自己方可坐下。

（4）造访生客时，坐落在座椅前1/3；造访熟客时，可落在座椅的2/3，不得靠依椅背。

（5）女士落座时，应用两手将裙子向前轻拢，以免坐皱或显出不雅。

（6）听人讲话时，上身微微前倾或轻轻将上身转向讲话者，用柔和的目光注视对方，根据谈话的内容确定注视时间长短和眼部神情。不可东张西望或显得心不在焉。

（7）两手平放在两腿间，也不要托腮、玩弄任何物品或有其他小动作。

（8）两腿自然平放，不得跷二郎腿。男士两腿间距可容一拳，女士两脚不要踏拍地板或乱动。

（9）从座位上站起，动作要轻，避免引起座椅倾倒或出现响声，一般从座椅左侧站起。

（10）离位时，要将座椅轻轻抬起至原位，再轻轻落下，忌拖或推椅。

3. 动姿

（1）行走时步伐要适中，女性多用小步。切忌大步流星，严禁奔跑（危急情况例外），也不可脚擦着地板走。

（2）行走时上身保持站姿标准。大腿动作幅度要小，主要以向前弹出小腿带出步伐。忌讳挺髋扭臀等不雅动作，也不要在行走时出现明显的正反"八字脚"。

（3）走廊是客人使用的通道，员工应靠左边而行，不要在走廊中间大摇大摆。

（4）几人同行时，不要并排走，以免影响客人或他人通行。如确需并排走时，并排不要超过3人，并随时注意主动为他人让路，切忌横冲直撞。

（5）在任何地方遇到客人，都要主动让路，不可抢行。

（6）在单人通行的门口，不可俩人挤出挤进。遇到客人或同事，应主动退后，并微笑着做出手势"您先请"。

（7）在走廊行走时，一般不要随便超过前行的客人，如需超过，首先应说"对不起"，待客人闪开时说声"谢谢"，再轻轻穿过。

（8）和客人、同事对面擦过时，应主动侧身，并点头问好。

（9）给客人做向导时，要走在客人前两步远的一侧，以便随时向客人解说和照顾客人。

（10）行走时不得哼歌曲、吹口哨。

（11）工作时不得扭捏作态，做脸、吐舌、眨眼、照镜子、涂口红等。

（12）不得将任何物件夹于腋下。

（13）不得随地吐痰及乱丢杂物。

（14）上班时间不得在销售中心吸烟或吃东西。

（15）注意"三轻"，即说话轻、走路轻、操作轻。

（16）社交场合或与特殊客人见面时，可行礼表示尊敬，行礼约20度，头与上身一同前屈，男性双手自然下垂或同时用右手与对方握手，女性双手在腹前合拢，右手压左手上。极特殊场合才行45度鞠躬礼。行礼完毕要用热情、友好的柔和目光注视客人。

4. 交谈

（1）与人交谈时，首先应保持衣装整洁。

（2）交谈时，用柔和的目光注视对方，面带微笑，并通过轻轻点头表示理解客人谈话的主题或内容。

（3）站立或落座时，应保持正确站姿与坐姿。切忌双手叉腰、插入衣裤口袋、交叉胸前或摆弄其他物品。

（4）他人讲话时，不可整理衣装、头发、摸脸、挖耳朵、抠鼻孔、搔痒、敲桌子等，要做到修饰避人。

（5）严禁大声说笑或手舞足蹈。

（6）在客人讲话时，不得经常看手表。

（7）三人交谈时，要使用三人均听得懂的语言。

（8）不得模仿他人的语言、语调或手势及表情。

（9）在他人后面行走时，不要发出奇怪的笑声，以免产生误会。

（10）讲话时，"请""您""谢谢""对不起""不用客气"等礼貌语言要经常使用，不准讲粗言秽语或使用蔑视性和侮辱性的语言。

（11）不开过分的玩笑。

（12）不得以任何借口顶撞、讽刺、挖苦、嘲弄客户，不得与客户争辩，更不允许举止鲁莽和语言粗俗，不管客户态度如何都必须以礼相待，不管客户情绪多么激动都必须保持冷静。

（13）称呼客户时，要多称呼客人的姓氏，用"某先生"或"某小姐或女士"，不知姓氏时，要用"这位先生"或"这位小姐或女士"。

（14）几人在场，在与对话者谈话时涉及在场的其他人时，不能用"他"指他人，应称呼其名或"某先生"或"某小姐或女士"。

（15）无论任何时候从客户手中接过任何物品，都要说"谢谢"；对客户造成的任何不便都要说"对不起"；将证件等递还给客户时应予以致谢，不能将证件一声不吭地扔给客户或是扔在桌面上。

（16）客户讲"谢谢"时，要答"不用谢"或"不用客气"，不得毫无反应。

（17）任何时候招呼他人均不能用"喂"。

（18）对客户的问问不能回答"不知道"，确不清楚的事情，要先请客人稍候，再代客询问；或请客人直接与相关部门或人员联系。

（19）不得用手指或笔杆为客户指示方向。

（20）在服务或打电话时，如有其他客户，应用点头和眼神示意欢迎和请稍候，并尽快结束手头工作，不得无所表示而冷落客户。

（21）如确有急事或接电话而需离开客户时，必须讲"对不起，请稍候"，并尽快处理完毕。回头再次面对客户时，要说"对不起，让你久等了"，不得一言不发就开始服务。

（22）如果要与客户谈话，要先打招呼，如正逢客户在与别人谈话时，不可凑前旁听，如有急事需立即与客户说时，应趋前说"对不起，打扰一下可以吗？我有急事要与这位先生商量"，如客户点头答应，应表示感谢。

（23）谈话中如要咳嗽或打喷嚏时，应说"对不起"，并转身向侧后下方，同时尽可能用手帕遮住。

（24）客户来到公司时，应讲"欢迎您光临"，送客时应讲"请慢走"或"欢迎您下次光临"。

（25）说话时声调要自然、清晰、柔和、亲切、热情，不要装腔作势，音量要适中。

（26）所有电话，务必在两声之内接答。

（27）接电话时，先问好，后报项目名称，再讲"请问能帮您什么忙？"不得倒乱次序，要带着微笑的声音去接电话。

（28）通话时，手旁须准备好笔和纸，记录下对方所讲的要点，对方讲完后应简单复述一遍以确认。

（29）通话时，若中途需要与人交谈，要说"对不起"，并请对方稍候，同时用手捂住送话筒，方可与人交谈。

（30）当客户在电话中提出问讯或查询时，不仅要礼貌地回答，而且应尽量避免使用"也许""可能""大概"之类语意不清的回答。不清楚的问题应想办法搞清楚后再给客人以清楚明确的回答，如碰到自己不清楚而又无法查清的应回答"对不起，先生，目前还没有这方面的资料"。

（31）如碰到与客户通话过程中需较长时间地查询资料，应不时向对方说声"正在查找，请您再稍等一会儿"。

（32）通话完毕后，要礼貌道别，如"再见""谢谢您""欢迎您到长江之家来"等，并待对方挂断后再轻轻放下话筒。

（33）客人或同事相互交谈时，不可以随便插话，特殊需要时必须先说"对不起，打搅您"。

（34）对客户的疑难问题或要求应表现充分的关心，并热情地询问，不应以工作忙为借口而草率应付。

（35）客户提出过分要求时，应耐心解释，不可发火、指责或批评客户，也不得不理睬客户，任何时应不失风度，并冷静妥善地处理。

(36)全体员工在公司内遇到客户、上级、同事时,应做到讲"五声",即迎客声、称呼声、致谢声、致歉声、送客声,禁止使用"四语",即蔑视语、烦躁语、否定语和斗气语。

(37)凡进入房间或办公室,均应先敲门,征得房内主人的同意方可进入。未经主人同意,不得随便翻阅房内任何东西(文件)。在与上司交谈时未经批准,不得自行坐下。

二、考勤管理

考勤管理的目的是维护企业的正常工作秩序,提高办事效率,严肃企业纪律,使员工自觉遵守工作时间和劳动纪律。

考勤制度是公司规范考勤管理和考勤记录的规范性文件,是保证公司能够准确、及时地完成对员工工作时间的确认与统计的基础。它与其他规章制度一样,需要遵照《劳动合同法》的规定进行制订和发布。只有符合《劳动合同法》规定的考勤制度才能对员工发生约束力,才能保证公司能够准确、及时和有效地记录员工的考勤。

1. 考勤制度的内容

考勤的目的是真实地记录员工履行劳动合同义务,提供劳动的具体工作时间状态。所以考勤的内容包括:考勤项目、考勤审核和考勤统计报告,如图14-3所示。

考勤项目	包括是否正常出勤、到岗时间、离岗时间、加班时间、休假时间、休假类别、调休时间、迟到早退情况、旷工情况和相应的统计情况
考勤审核	考勤人员不仅记录员工正常到岗的工作时间情况,还对员工提供的相应考勤依据是否真实和是否符合相应的审批流程进行审核。同时,考勤人员在考勤周期结束后,应当进行考勤记录真实性的确认审核工作
考勤统计报告	考勤周期结束后,考勤人员应当进行考勤记录的汇总统计,并要求员工对自己的考勤记录进行确认;然后将完整的考勤记录提请相应的工作主管审核;最后向考勤的汇总部门进行汇总报告

图 14-3 考勤制度的内容

2. 制定考勤制度的要点

为了让制度能行之有效，销售总监应协助公司行政部门制定出符合销售部门特性的考勤制度。在制定考勤制度的过程中，应把握以下要点，如图14-4所示。

要点一 制度要严谨、合理

> 制度要制定得严谨，对应不同情况均要有所考虑，条款清晰，奖罚合理，便于操作。制度是服务于工作的，关键在于能否行之有效

要点二 制度要能切实、贯彻地执行

> 有的制度不落实，或问题严重了才把制度搬出来执行，这是许多企业的通病。实际上，制定一套行之有效的实施办法和监督措施比制定其制度本身更重要

要点三 制度要能提高凝聚力，增强员工的归属感

> 制度要以人为本，能发挥员工的敬业精神，能增强员工的归属感，能提高领导者的亲和力，使公司形成高素质、高效、纪律严明的团队，这才是制定制度所要达成的目标

图 14-4　制定考勤制度的要点

【行业参考】▸▸

××房地产公司销售人员考勤制度

第一章　总则

第一条　为维护正常的工作秩序，强化全体职工的纪律观念，结合公司实际情况，制定本制度。

第二条　考勤制度是加强公司劳动纪律，维护正常的生产秩序和工作秩序，提高劳动生产效率，搞好企业管理的一项重要工作。全体员工要提高认识，自觉地、认真地执行考勤制度。

第三条　公司的考勤管理由人力资源部负责实施。

第四条　各部门经理、主管对本部门人员的考勤工作负有监督的义务。

第五条　公司考勤实行打卡制度，员工上、下班均需打卡（共计每日

2次)。员工应亲自打卡,不得帮助他人打卡和接受他人帮助打卡。

第六条 考勤记录作为年度个人工作考评的参考依据。

第二章 考勤制度

第一条 每日工作时间:9:00~18:00;工作餐时间为12:00~13:00

注:销售人员需按规定上班时间提前到岗,提前完成化妆、着装、电话接听准备、销售中心销售资料准备等工作,确保准点准时开始正常工作。

第二条 销售人员手机开机时间为8:00~23:00,凡公司报销手机费用的人员须24小时开机。

第三条 销售部人员打卡签到时间为8:30之前。严禁代他人打卡签到,一经发现,第一次当事双方各处以50元罚款,若第二次,双方各处以100元罚款,依此类推,第四次做除名处理。

第四条 销售人员每周休息两日(周一至周五,正式开盘后),周六与周日无休。如遇广告日或展会不能休息,由销售经理统一安排调休。

第五条 员工如有一天以上(含一天)事假,须提前一天申报销售经理批准,批准后休息,否则按旷工处理,事假扣除事假日全天工资。病假一天以内(含一天)需在请假当日9:30前请假,上班后需交医院的诊断证明及假条,否则按旷工处理。超过一天以上按公司相关制度执行,得到批准后方可休息,病假扣除病假日半天工资。

第六条 病假、事假的申请由他人转告或采用短信形式均视为无效。

第七条 上班时间不得迟到、早退。无故缺勤即为旷工。

第八条 员工迟到或早退超过30分钟,按事假半天处理,扣半日工资;当月累计三次者,按旷工一日处理,并处罚金200元;迟到未超过30分钟者处罚金10元。

第九条 销售人员不得私自调休,应报请销售经理批准,得到批准后,方可休息。休息日来上班人员未提前调休的,一律不再补休。

第十条 工作当日加班至22:00,经项目经理批准后第二天可延迟一小时上班(以考勤卡为准),并报销当时交通费用(以发票为准)。

第十一条 工作时间内未经允许擅离岗位区域的人员,由销售主管开具过失单,销售经理审批处罚。

第十二条 以上未尽事宜随时补充完善,如违例任何一条,按情节严重销售经理有权处罚10元至200元罚金,最终仲裁权为销售经理。

第三章 外出请示制度

第一条 员工在工作时间外出，必须向销售经理请示，说明外出事由及时间，经批准后方能外出，同时应在规定的时间内按时返回，如因故不能按时回来，须在规定的时限前报知销售经理，续请假，否则以擅自离岗论处。离岗两小时以上的，以旷工论。

第二条 应由销售经理及销售主管批准，方可外出。

第三条 销售人员未向销售经理请示，私自外出者，处以销售人员罚款10元，销售主管50元。

第四章 值班制度

第一条 正常工作时间：9:00～18:00。

第二条 值班工作时间：8:00～9:00、18:00～19:00（具体时间以项目所在的时令及生活习惯为准）。

第三条 值班人员严格按值班时间到岗，工作餐期间要求至少安排两名销售人员值班，不得出现无人在岗现象。

第四条 如遇广告日及特殊情况（如开盘前后或其他应调整的时间），所有作息时间临时调整。

第五条 如遇其他项目人员来做市调，由销售主管安排轮空销售人员负责接待。

三、人事管理

人事管理是有关人事方面的计划、组织、指挥、协调、信息和控制等一系列管理工作的总称。通过科学的方法、正确的用人原则和合理的管理制度，调整人与人、人与事、人与组织的关系，谋求对工作人员的体力、心力和智力做最适当的利用与最高的发挥，并保护其合法的利益。

人事管理制度是用于规范本企业职工的行动、办事方法，规定工作流程等一切活动的规章制度。它是针对劳动人事管理中经常重复发生或预测将要重复发生的事情制定对策及处理原则。它采用条文的形式协调企业职工的活动，规定一致的利益目标。

【行业参考】

××房地产公司销售部人事管理制度

一、入职与试用

秉承"以人为本""适合的才是最好的"、重内部选拔、重潜质、重品德的原则,坚持"同质化人才",让每个人主动地去自我管理、自我提升。

二、招聘条件

合格的应聘者应具备应聘岗位所要求的年龄、学历、专业、执业资格等条件,同时具备敬业精神、协作精神、学习精神和创新精神。

三、试用期限

销售部员工试用期为三个月,以绩效考核和部门负责人意见为考核标准,经考核,条件优秀者可提前转正。

四、工作请示、工作协作

1. 公司实行层级管理体制,一般不可越级或跨部门进行工作请示。

2. 部门间、同事间应加强沟通、相互协作。

3. 业绩分属、员工不满或争议,可向上一级主管或行政管理部提出。

4. 争议或不满应尽可能与直接上级协调处理。

5. 尽可能客观地看待人或事,不在同事间散布不满情绪、不私下议论同事是非。

五、工资计算

1. 公司实行月薪制,每月10日为公司发薪日,发放上月至上月末的工资;工资计算为基本工资除以26天;电话补助需凭当月17日之前本人充值发票至财务申领。

2. 公司在以下情况可不发放或抵扣员工当月或次月工资。

(1)未办理任何离职手续私自离职;个人借支未在发放工资前或离职办理时结清。

(2)因员工过错给公司造成一定经济损失,侵占公司财物。

六、调动管理

1. 由调入部门填写员工内部调动通知单,由调出及调入部门负责人双方同意并报人事部门经理和项目总监批准,部门经理以上人员调动由公司总经理批准。

2.批准后,人事部门应提前以书面形式通知本人,并以人事变动发文通报。

3.人事部门将根据该员工于新工作岗位上的工作职责,对其进行人事考核,评价员工的异动结果。

七、辞职管理

1.公司员工因故辞职时,本人应提前十五天向直接上级提交辞职申请表,经批准后转送人事部门审核,部门经理以上管理人员辞职必须经总裁批准。

2.收到员工辞职申请报告后,人事部门负责了解员工辞职的真实原因,并将信息反馈给相关部门,以保证及时进行有针对性的工作改进。

3.员工填写离职手续办理清单,办理工作移交和物品清还手续,对客户资料泄密的拒绝交接的或交接不完全的将不予结算工资。

4.人事部门统计辞职员工考勤,计算应领取的薪金。

5.员工到财务部办理相关手续,至次月领取薪金。

6.人事部门将离职手续办理清单等相关资料存档备查。

7.该员工所有的福利,包含调休未尽的、奖励未发放的将全部作废。

八、辞退管理

1.部门辞退员工时,由直接上级向人事部门提交辞职申请表,经审查后报总裁批准。

2.人事部门提前一个月通知员工本人,并向员工下发离职通知书。

3.员工应在离开公司前办理好工作的交接手续和财产的清还手续;员工在约定日期到财务部办理相关手续,领取薪金和离职补偿金。

4.人事部门在辞退员工后,应及时将相关资料存档备查。

九、其他情况

以下情况,公司暂不发放或等额抵扣员工当月或次月工资,离职者不予办理退工手续:

(1)未办理任何离职手续擅自离职。

(2)员工未办结离职手续。

(3)侵害公司知识产权。

(4)其他侵害或损坏公司利益行为。

四、会议管理

从字面含义上讲,"会"的基本意思是聚会、见面、集会等;"议"的基本意思是讨论、商议。管理就是制定、执行、检查和改进。现代意义上的会议,是有组织、有领导地召集人们商议事情的活动。它体现了会议的四个基本条件,如图14-5所示。

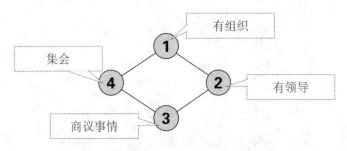

图14-5 会议的基本条件

会议管理是为了保证会议的正常进行并提高会议的效率,而对会议的筹备、组织、保障等工作的一种有效的协调。

会议是解决问题的手段之一,是领导工作的一种重要方式,作为管理人员,应该认识到会议的重要性,正确运用会议这一手段进行管理。

【行业参考】▶▶▶

××房地产公司销售部项目例会制度

一、早会

1.时间:8:30～8:45

2.地点:售楼处

3.主持:销售主管(销售经理)

4.出席人:售楼处全体置业顾问

5.会议主题

(1)检查仪容仪表、出勤情况。

(2)简单总结前一天的工作情况,存在问题及解决方法、当天工作重点。

(3)公布前一天的销售情况、销控员公布、售出单元、转换单元、未补定单元、补齐定单元、拟定可重新发售单元。

（4）销售主管（销售经理）讲述当天需注意的事项。

（5）当日推广部署及当日计划。

（6）置业顾问互报一天销售中存在的问题，销售主管（销售经理）总结分析，予以帮助解决。

二、周会

1. 时间：每周一上午8:30～9:30

2. 地点：售楼处

3. 主持人：销售经理

4. 出席人：售楼处全体置业顾问

5. 会议主题

（1）总结每周工作。

（2）对本周工作进行总结，包括客户跟进、成交业绩、存在问题、特殊个案分析、客户意见并提出合理化建议。

（3）讨论每周议题。

（4）由销售经理出题，围绕本行业的工作开展，包括市场、销售、管理等范围，结合实际案例进行讨论、分析，并针对本项目做出合理化建议，以提高项目质量、销售业绩及置业顾问素质，以更好为项目服务。

（5）市场分析。

（6）主要为组员之间资源共享，对市场咨询进行相互交流。

（7）下达部门工作要求、指令，并贯彻执行。

（8）相关政策法规、法律文本、销售技巧等培训。

三、项目月例会

1. 时间：（另行拟定）

2. 地点：售楼处

3. 主持人：销售总监、销售经理及销售主管

4. 出席人：全体置业顾问

5. 会议主题：月度工作总结及下月工作计划。

（1）项目重大销售推广活动的分析总结。

（2）市场客户及业主源状况分析。

（3）竞争项目销售动态分析。

（4）总结月度工作。

（5）布置下月度工作。

（6）分析置业顾问销售指标完成情况及月培训计划的制订。

四、项目推广会议（视具体情况）

1.时间：（另行拟定）

2.地点：（另行拟定）

3.主持人：销售总监、销售经理及销售主管

4.出席人：售楼处全体置业顾问及需协作的相关部门人员

5.会议主题

（1）项目会分工：部门内部人员分工及相关协作部门人员分工。

（2）明确活动内容和流程安排。

（3）明确优惠政策、对外宣传策略和统一口径。

（4）其他应注意的事项及思想动员。

备注：（1）所有会议必须遵循"高效、高质量"的原则。

（2）开会时，参会人员必须纪律严明，必须携带笔记本和笔。除特殊情况，所有参会人员必须准时参会，不得无故缺席、中途退席或迟到。

（3）所有会议如无特殊情况必须要有会议纪要，会议纪要应在两个工作日内出稿，除存档外，必须向销售管理部经理报阅。

五、样板房管理

样板房是商品房的一个包装，也是购房者装修效果的参照实例。样板房是一个楼盘的脸面，其好坏直接影响房子的销售。样板房是楼市发展的一个产物，也是住宅文化的一种表现，作为楼盘销售过程中的一个重要因素，样板房已越来越受到房地产开发商的重视和广大购房客户的喜爱。因此，有必要以制度形式加强对样板房管理。

【行业参考】▶▶

××房地产公司销售部样板房管理制度

第一章　总则

第1条　为规范样板房的管理，整洁、有序、品质完好地展示公司产品

的良好形象，有力促进销售，特制定本制度。

第2条　本制度适用于售楼部全体员工。

第二章　日常管理

第3条　样板房管理员为样板房的直接负责人。其主要职责如下。

（1）负责样板房访客的接待，并在销售人员无暇接待访客询问时给予必要的解说。

（2）负责样板房物品保管。

（3）负责样板房设备设施报修、协调。

（4）负责样板房清洁工作，保持现场整齐、清洁。

（5）根据制定的工作操作流程完成每天的工作。

（6）负责样板房各项表格的登记，并在每月月底汇总上报销售经理。

（7）根据销售经理的要求，完成其他工作。

第4条　样板房管理员由客户服务主管直接领导，向客户服务主管负责。

第5条　样板房管理员应遵守售楼部的各项管理规章制度，上班必须着公司统一发放的制服，制服应保持清洁，无破损。穿着时做到衣着整齐，并在指定位置佩戴胸卡。

第6条　工作时间内，样板房管理员不得在样板房内东倒西歪，不得坐在、斜靠或躺在床上或桌子上，不得与前来样板房的人员闲聊，不得随意摆动样板房的物品。

第7条　样板房管理员应注意维护样板房内的各项物品，定时或不定时地检查，并填写物品核查记录单。发现样板房内物品有损坏时，应及时上报客户服务主管处理。

第8条　样板房管理员应定时或不定时地检查室内外保洁情况，包括地面、玻璃、摆饰物品等，如发现不洁应及时清理。

第9条　每天早上上班时，样板房管理员应做好样板房对外开放的前期准备工作，包括：

（1）核查各项物品是否完好。

（2）打扫样板房卫生，整理样板房内物品。

（3）打开并检查样板房内除台灯外的所有灯具、窗帘及影音设备。

（4）开启背景音乐，调整音量并保持音乐持续播放，音量调整到可听见即可。

(5) 准备好鞋套，以备客户参观使用。

第10条　每天下班前，样板房管理员应做好样板房结束开放的清理工作：

(1) 将花园内或阳台上摆放的物品收进，放至固定位置。

(2) 关闭所有门窗，拉上窗帘。

(3) 清点核对鞋套数量。

(4) 参照各房间物品清单，检查清点样板房内物品，并填好物品确认单。

(5) 关闭影视厅等设备。

(6) 收起各样板房内部的小饰品、鞋套等物品并将其放于样板房内的指定地点。

(7) 将抽湿机放到固定位置并打开开关，接好水桶，确认抽湿机在正常工作。

第11条　样板房内不允许有空岗情况发生，若有事情需要离开样板房时，必须先用对讲机告诉客户服务主管，安排接岗人员到达后才可以离开。

第12条　样板房内的物品由样板房管理员与客户服务主管每周核对一次。

第13条　不许在样板房内大声喧哗、推搡。

第14条　不许随意挪动样板房内的家居摆设。

第15条　任何人均不可在样板房内休息。

第16条　未经许可，不得带无关人士进入样板房。

第17条　未经许可，样板房内禁止拍照。

第三章　参观管理

第18条　客户参观样板房必须要有销售人员陪同。无销售人员陪同，样板房管理员有权阻止。

第19条　销售人员带客户参观样板房时，应注意样板房的卫生，自觉维护样板房内的各项物品。

第20条　有客户前来参观样板房时，如样板房内有施工人员，样板房管理员应要求其暂停施工并清理施工场所。

第21条　当客户进入样板间时，样板房管理员应主动递上鞋套或其他保护性工具。

第22条　客户在样板房内参观时，管理员除开启影院或其他特殊情况外，应按相应的礼仪规范立于进户门内处，面部保持微笑，以迎接下一批客户。

第23条　发现客户在参观样板房时有不慎行动者，销售人员应该善意提醒。有儿童随同前来，销售人员应提醒儿童，不可随意挪动样板房内的物品。

第24条　客户离开样板房时，样板房管理员应向客户礼貌告别，并请陪同销售人员在访客登记表上签字。

第25条　客户参观完样板房后，样板房管理员应及时巡视样板房，根据各房间物品的图片清单做好物品复位工作，包括摆饰物品位置、桌椅、挂画等。

第26条　带看样板房的业务员在接待时间内对样板房内的物品负有保管责任。发现有物品损坏时，须立即告知样板房管理员。

第27条　样板房内不允许吸烟。如发现有客户在样板房内抽烟，销售人员应礼貌制止。

第四章　附则

第28条　本制度未尽事宜，由销售总监根据实际情况予以补充。

第29条　本制度自×××年××月××日起施行。

第十五章
销售成本管控

【章前概述】

企业的各种投资，企业各种战略目标的实现，都必须以销售环节工作的顺利开展为基础，营销是企业的生命线，该环节负担着公司资金的回收和利润的创造，甚至品牌的塑造等重要职责。

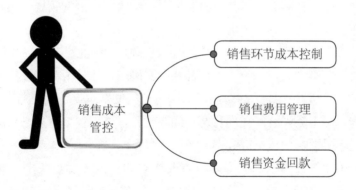

【内容解读】

一、销售环节成本控制

除了在好的时机有一个好的销售价格以外，销售成本的控制至关重要。俗话说，节约的就是赚取的，只有做到了很好的成本控制，同时又实现了良好的销售业绩，才能实现利润的最大化，即开源节流双向进行，才能实现利润的最大化。

销售成本的控制应该从四个方面去体现，具体如图15-1所示。

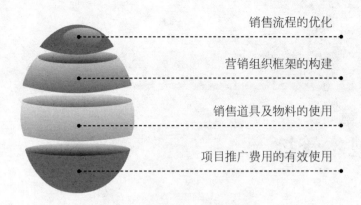

图 15-1　销售成本的控制方法

1. 销售流程的优化

项目在销售以前,都要制订销售计划,即品牌塑造期、开盘及热销期、持销期、收尾期等销售节奏。

首先要审视销售节奏是否合理,时间段是否过长或过短,每一阶段的销售任务是否合理,有没有强有力的执行机制去保证阶段性任务的实现,这就是销售任务的时效性和销售目标的合理性。

其次,如果没有强有力的执行机制提供保障,销售效率就会大打折扣,所以,销售人员、策划人员、管理者,都要有明确的责任分工和权限标准,特别是对于一些常见的客户问题,绝对避免层层传递式的解决办法,这样既浪费时间,又会增加客户更多的误解。在面对客户问题时,管理者参与越多,可能效果越适得其反,最起码影响销售执行效率。

比如,面对某个客户,销售人员在销售谈判中只要对于某个问题有合理的解释或其他承诺,就能成交,结果却因为权限限制不能在第一时间解决问题而失去交易的最好机会,这就是典型的贻误战机,从而延长项目销售周期,增加营销费用,提高营销成本。

只有建立了科学的销售流程,才能实现销售模式的合理化,这也需要营销各环节的有力配合,才能保障销售工作的最合理开展。所以,销售流程的优化主要体现就是销售周期的合理制定以及销售执行的合理开展。只有这样,才能缩短销售周期,从而从根本上节约营销成本。

2. 营销组织框架的构建

要建立科学合理的营销团队,必须根据项目的具体情况对营销团队进行打造，具体方法如图15-2所示。

| 方法一 | 要审视团队人事构建是否合理，真正做到因岗设人 |

比如销售现场能设置销售主管的就不设置销售经理，这样不但能节约一定的人力成本，还可以给在岗人员一定期望和发展方向，促使其向经理岗位奋斗，从而从根本上挖掘其工作潜力，提高工作积极性

| 方法二 | 要从根本上提高项目团队成员的工作能力 |

这就要求建立一套完整的团队培训机制，适时对团队进行专业技能培训和团队管理培训，充分提高他们的工作能力。只有工作能力提高了，成交概率才会提升，销售周期才会缩短，从而节约销售成本

| 方法三 | 要从源头上把控销售人员 |

即在招聘的时候，必须拥有一套完整的人才聘用机制，不达标，坚决不能录用，这样才能保证招聘的人才是企业所需要的，至少与企业的要求不远

| 方法四 | 要建立"全民营销"制度 |

即要求公司全体工作人员都认识到营销是公司的生命线，主动投入到销售工作中去，做一个合格的销售编外人员，通过公司全员参与，通过高质量的产品推介，销售周期就会大大缩短，从而节约销售成本

图15-2　组建科学合理的营销团队

3. 销售道具及物料的使用

销售道具主要包括销售现场的包装、沙盘的制作、样板房的装修、项目楼书、DM、户型单张等。

对于销售现场、沙盘、样板房方面，一般都能根据项目的定位进行合理装修、制作及使用，重点是其他销售道具的制作及使用。

比如楼书，一本楼书，少则十几元，多则几十元甚至更多，一个项目操作下来，光楼书就是一笔非常昂贵的成本。有些项目，比如中低档项目、三线城市项目，消费者对于楼书的认可度普遍不高，楼书对于销售的促进作用非常有限，如果我们一味地追求大而全的营销模式，可能成本增加了，销售并没有明显改善，所以，这样的楼盘，完全可以考虑不要楼书。

要根据项目的定位情况对销售道具及物料进行安排，做到每一个销售道具都能发挥自己的销售促进功能，而不是一种摆设。

4. 项目推广费用的有效使用

本环节占了销售成本的很大比例，在做广告以前，一定要做一个有效的统计，哪些广告对销售的促进功能是明显的或不明显的，然后尝试性地投入锁定的广告媒体，最后，进行系统的广告效果反馈。

比如，通过销售现场的客户来访和来电情况以及客户的项目意见进行广告效果评估，一定阶段后就知道哪些广告是有效的，从而做到推广工作的有的放矢。

如果不分具体情况，一味地投入电视、报媒、户外等大部分媒体，成本的增加是非常大的，但效果却不明显。当然，每一个城市居民有自己的媒体认识和接受习惯，要具体情况具体分析。

另外就是公关活动的开展，无论从内容上还是频率上，也要与项目的目标群体相吻合，同时与区域市场的文化、习惯相匹配，真正做到每一分钱都用在该用的地方。

> **小知识**
>
> 通过以上营销环节成本的控制，就很好地做到了资金的有效使用，从营销环节上实现了项目开发利润的最大化。

二、销售费用管理

销售费用是指为了促进销售而产生的各类策划推广费、广告设计制作费、媒体发布费、代理费、手续费、公关费、活动费、卖场布置/维护费、销售人员工资等。

随着市场竞争越来越激烈，销售费用在房地产企业成本支出的占比也越来越大，营销费用支出逐年上升。众所周知的经济学原理也告诉我们：利润＝收入－支出，省钱即为赚钱。所以控制不好费用支出这部分，没有一个明确有效的管理方案，利润目标就难以下达。通过系统自动控制营销费用预算，避免预算超支，控制了营销费用风险，实现营销费用的有效管控。具体的管控要点如图15-3所示。

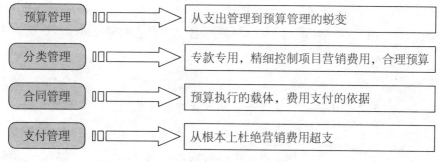

图 15-3 营销费用的管控要点

1. 预算管理——从支出管理到预算管理的蜕变

如何做到费用的事先管控？答案是将营销支出管理变为合同预算管理。在项目初期，可以通过项目整体预算、项目营销周期与项目重要营销事件节点，来为整个项目的预算做个年度划分，得出项目营销年度的各个年度预算。审批通过后，该预算即为各年考核合同签约金额标准。

2. 分类管理——专款专用，精细控制项目营销费用，合理预算

在营销费用过程中，对于某些费用类科目如代理费、日常管理费、空置物业管理费、销售中心及示范单位费用等，相对固定支出的，则采用科目封锁，确保专款专用。以此避免前期广告推广等活动做得太多，占用日常科目费用预算，造成项目销售后期连日常水电都无力支付的情况发生。将营销费用分科目进行管理，从另一个角度控制了营销费用使用风险。

3. 合同管理——预算执行的载体，费用支付的依据

在营销管理系统中，所有合同必须录入系统，否则无法进行支付。每签订一份合同，或者一笔日常费用支出，都对应一份预算，一旦超出科目预算，无法进行合同登记，以此进行预算强控。在这个过程中，利用信息系统可以及时准确地通过对比预算，判断是否允许继续登记相关合同。

4. 支付管理——从根本上杜绝营销费用超支

任意一笔费用支付，都必须对应相应合同进行支付登记，再通过系统进行工作流审批。由于在合同登记阶段已经确保了合同所在科目有余额，因而彻底避免了营销费用超支的发生，达到项目公司费用强管控的目标。

【行业参考】

××房地产公司营销费用的管理制度

一、目标管理

1. 目标的确定

各一线公司应按项目、年度分别编制营销费用计划。营销费用计划由销售部会同有关部门拟订，经专题会议讨论、总经理批准后确定。新项目整体性营销费用计划在项目定位会后一个月内完成，并由销售部上报集团市场营销部备案。年度营销费用计划随年度经营计划完成，并在上报年度经营计划的同时，将年度营销费用计划报集团市场营销部备案。

项目整体性营销费用控制总额由各一线公司根据项目销售额（含认购额）的一定比例（如2%～3%）自行确定，并按部门与费用类别、分期分营销阶段进行分解，不同营销阶段可以有所侧重。

2. 目标的调整

（1）项目、年度营销费用控制总额一经确定，除非项目定位、整体性规划设计发生重大调整、新增计划外政策性费用、年内新增计划外项目，否则不得进行调整。超额使用须事先提交申请，说明原因，经一线公司财务管理部、成本管理部审核，报一线公司总经理特批。

（2）不同项目的营销费用控制额度不能串用。同一项目不同阶段营销费用的控制额度，前期费用如有节余可用于后期，但后期没有发生的费用不能提前使用。

（3）在项目营销提前完成的前提下，应调减营销费用控制额度或停止相应费用额度支出。

3. 目标的跟踪

（1）一线公司财务管理部应定期通报各责任部门营销费用额度使用情况，对超额或可能超额情况及时予以提醒、警报。

（2）一线公司相关部门应随时跟踪、按季分析营销费用计划执行情况，发现问题及时解决。同时，由一线公司财务部填写营销费用年度计划表的实际数，上报集团市场营销部备案。

4. 目标的考核

（1）营销费用按部门、项目、年度进行考核。各一线公司应根据责任划分,明确纳入各部门考核的费用范围,并使各项费用均纳入考核之中。

(2)营销费用考核应包括但不限于下列指标,突出关注营销业绩、营销费用计划执行情况和营销费用使用效果,并将考核结果与年度奖励挂钩。

(3)按项目分解营销费用控制额度及分析、考评营销费用时,综合营销费用可按销售金额比例在各项目之间分摊。

二、责任管理

1. 一线公司营销部门为营销费用总体控制责任部门。负责组织拟订营销费用管理办法,根据营销计划编报营销费用计划并分解额度,实施、跟踪、督促营销采购的询价议价及合同的洽谈拟订,会同相关部门进行营销费用分析等。

2. 一线公司财务与成本管理部门为营销费用总体控制的配合、监督责任部门,主要协助完善营销费用管理、审核营销费用计划及相关合同、分解控制额度。其中财务管理部负责营销费用的归集与核算等,并侧重销售费用的监控;成本管理部侧重列入开发间接费的营销费用的监控。

3. 一线公司其他部门为专项营销费用控制的相关责任部门,主要对营销设施设计、建造、装修涉及的招投标、采购询价议价、合同洽谈拟订、费用结算及工期、质量、效果、过程等进行控制,并进行相关费用分析。

4. 一线公司可根据本规范,结合实际细化相关部门对营销费用的管理职责。

三、过程控制

1. 营销类采购、印刷与营销设施设计、建造、装修等应尽量通过招投标、长期合作,建立集团或区域性战略合作伙伴关系,实行集中采购、印刷等。

2. 营销费用的支付、报销应做到事前申请,合同、发票、验收单、结算单等资料齐全,手续完备。

3. 一线公司应根据项目营销节奏确定与营销绩效匹配的额度支付比例,有效控制营销费用的使用、支付进度,避免和防止营销费用浪费和超支。

四、专项管理

1. 营销场所及设施工程性费用

(1)营销场所及设施建设的设计、建造、装修必须实行招标、签订合同,禁止不签合同、不提供设计与施工图纸就进行施工。

(2)尽可能利用已交付使用的项目用地投建实景样板间,根据需展示户型及其销售进度，综合考虑样板间投建数量和展示时间，避免发生不必要的重复投建、拆除和场地租赁费用。需投建临时性卖场、样板间应在项目定位会予以说明。

（3）样板间装修、装饰、资产购置的额度标准应参照以往同档次样板间装修、装饰、购置资料，结合项目具体情况确定。样板间装修、装饰、购置完成后，应建立包括实景图片在内的样板间数据资料库。

（4）样板间的装修和装饰除满足展示效果要求外，应考虑实用性，符合交付使用标准，计算整体出售回收率和装修费用年损失率，并将其作为考核指标。

（5）样板间宜采取拍卖方式整体出售，其不可动装修、装饰部分应根据其成本、展示时间长短、完好程度等作价出售。作价应由一线公司营销部门会同设计、成本、财务共同确定，并报总经理审批同意后实施。作价收入扣除营业税费并按10%比例计提保修、维修、返修费用后，可全额抵补该项目该期营销费用。

2.营销类采购费用

（1）物品采购应按"广泛询价、货比三家、就地就近"的原则选择商家，优化性价比，减免运费、途中损耗等。工程性采购应实行招标。具备集中采购条件的应集中采购。

（2）事先提供包括采购清单在内的采购计划，报经批准后严格按清单采购。采购清单应列明物品名称、品牌、规格、型号、产地、采购地点、数量、单价或限价、采购批次及相应时间、付款方式、运输方式、用途等相关内容。

（3）一线公司营销部门应建立健全营销类商家档案资料，积累各档次物品基本资料，把握市场价格。

（4）营销类物品要充分利用商家资源，优先考虑争取、利用家居经销商等提供免费展品，或租借商家展品。已购置可周转使用或重复利用的物品应避免重复购置。

（5）家用电器等大宗物品购置应考虑可重复利用，尽量能在不同销售期或不同项目间移动、修复、周转使用，提高利用率。

（6）一线公司应根据本规范及有关规定制定或修改包括营销类物品购置、验收、登记、保管、使用、维护、移交、处理等内容在内的专项管理办法，明确相关流程和责任。

（7）已购置的营销类物品要从数量、质量、价值等方面严格履行验收、登记、移交、盘点手续，建立有关台账，保证账物相符。符合固定资产标准的，实物应比照固定资产管理规定进行管理。

（8）样板间整体出售时，除可移动家电外，其他家私和装饰品应根据其成本、展示时间长短、完好程度等作价出售给客户。

（9）不能整体作价出售且不可周转使用的家私、装饰品，可由设计部列出清单，经一线公司组织营销、财务等有关部门确认后进行拍卖，拍卖必须采取"暗标"方式。

（10）作价依据及其审批件、实际拍卖清单及其相关资料应在一线公司成本管理部存档。

（11）作价收入和拍卖收入按10%比例计提保修、维修、返修费用后，可全额抵补该项目该期营销费用。

3.广告类费用

（1）充分发挥规模集中效应，与当地主要媒体、独家经营的媒体公司合作，建立、保持长期合作关系。尽可能以公司名义签订年度协议，约定计费方式、价格和支付方式。

（2）媒介广告在策划设计前，应通过、利用委托书表达清楚我方的意图、基本要点等并加以确认，以减免盲目性、事后扯皮和责任不清。

（3）营销广告内容、形式应符合国家有关法规政策，避免口径不一致、承诺不当、广告侵权及其他违规带来的赔偿、纠纷处理、诉讼损失。

（4）按实际需要采取分期付款。

4.活动类费用

（1）一线公司营销部门应提前提交营销活动具体计划，明确费用明细及其付款时间与方式，经相关部门审核，报总经理审批同意后执行。

（2）政府、媒体组织的主题活动，应落实其目的、费用要求等情况，综合分析评价其对公司品牌形象、项目营销的影响，由一线公司相关部门报公司领导审批后决定是否参加。

5.其他营销费用

（1）根据政府有关法规政策应支付的租售交易费、产权登记费、备案费、空置房物业维修基金等，应纳入营销费用额度和计划内。

> （2）水电气价量差补贴、专线车运营补贴、物业管理费惠让、完工物业维修费及赔付费等售后费用，以及售楼处物业管理费、样板间开放和项目开盘及入伙时的物业管理公司配合费、空置房物业管理费和物业维修基金，根据政府有关法规、集团物业与地产相关业务操作规范、地产与物业公司相关协议规定执行，纳入营销费用计划内。
>
> （3）日常人工、行政、财产等营销类费用，根据集团有关管理制度规定执行，纳入营销费用额度和计划内。
>
> **五、本规范自集团总经理批准之日起生效。**

三、销售资金回款

回款工作在销售管理中的重要性越来越突出。对于企业而言，能否顺利回收货款，决定着企业的利益能否真正地实现，因此，在尽量短的时间内回收贷款，成为现代企业销售管理的一个基本原则。

提高回款工作的质量，根本的问题是加强管理，房地产企业应处理好以下几个关键的环节，如图15-4所示。

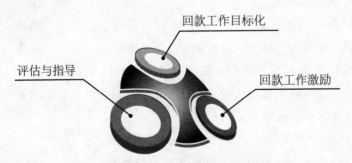

图15-4 资金回款的关键环节

1. 回款工作目标化

目标化是回款管理工作的基础。正确地实施目标化，首先要求企业结合销货情况确定不同时期的回款目标，并把它写进每一个时期企业的销售计划中。一些企业的销售计划中通常只对销售额、市场占有率做出明确的规定，却忽视了对于回款任务的安排，显然不利于销售工作的开展。

回款工作的目标化不仅仅意味着企业回款目标的确立，最关键的步骤是将企业总体的回款目标进行科学分解,最终细化落实到每个销售员身上。

2. 回款工作激励

回款工作的激励包括奖励和惩罚两个基本方面。这两个方面对于回款工作的顺利开展都是必要的,但应以奖励为主。为了正确贯彻激励的原则,销售部门必须根据对象的差异做出区分性安排。具体措施如图15-5所示。

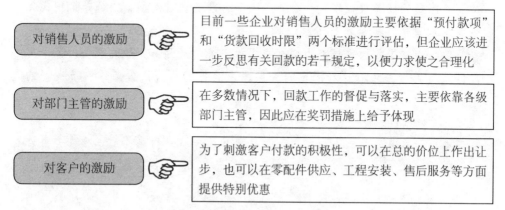

图 15-5　做好回款工作的激励措施

3. 评估与指导

对回款工作的评估和指导是确保回款任务实现的基本环节,这实际上意味着企业要加强对回款工作的监督与控制。

首先,销售部门的领导要确立销售工作的战略导向,把回款工作作为销售工作的基本环节,特别是那些列入重点回款项目的应收款,应责成有关部门加大工作力度。

其次,作为基层部门的主管,也要对本部门的回款工作作出通盘考虑,要善于根据每笔外欠款的性质和特点,指导销售人员做好回款工作。必要的话,还要亲自奔赴回款工作第一线,配合销售人员完成艰难的催款任务。

创设回款需实现良好的条件

做好回款工作,除了加强回款工作的管理以外,还要善于创设回款实现的良好条件，即通过自我的努力而达到回款环境的改善，从而促进回款工作的开展。创设回款实现的良好条件，主要体现在以下几个方面。

1. 提高销货与服务质量

实践证明，企业所面临的许多回款难题，与其销货与服务水平密切相关。产品性能不稳定，质量不过关或售后服务落后，均会导致客户的不满，从而使回款的任务难以实现。企业必须努力改变这种局面，关键是把现代营销的基本理念贯穿到销售工作的各个环节，彻底摒弃传统销售观念的影响。在具体的销售工作中，要努力向客户提供一流的产品，一流的服务，公平交易，诚实无欺，只有这样，才能赢得客户的尊重，为回款工作打下良好的基础。

2. 重视客户资信调查

市场交易并非不存在风险，为了尽量降低交易的风险，要求销售人员有必要先对客户的资信状况作出评估。市场上有一类客户，虽然购货的能力很有限，却又故意装出很有钱的样子，向他供货的销售人员一不小心，便会落入买卖圈套，到最后就会面对一个"要钱没有，要命一条"的尴尬处境。对客户实施资信评估，一方面，能自觉回避一些信用不佳的客户，另一方面，也便于为一些客户设定"信用限度"，从而确保货款的安全回收。

3. 加强回款技能培训

回款是一项技术性很强的工作，即便是一些经验丰富的销售人员，也难免会在回款工作中表现出某种程度的怯弱。为了推动回款工作的开展，企业要加强对销售人员的回款技能培训。首先是回款信心的培养。要让每一个销售人员明白，回款是正当的商业行为，没有必要在回款时心存歉意。其次，要培养各种催款技巧，诸如用情催款、以利催款、意志催款、关系催款等。当然，在选择各种催款方式时，要善于结合时间、地点和环境条件，并作出灵活的安排。

4. 回款工作制度化

为了确保回款工作的正常开展，企业应努力实现回款工作制度化。所谓回款工作制度化，就是企业要对回款工作的各个环节，诸如目标设定、激励制度、评估和指导、回款技能培训、回款工作配合等方面作出明确的规定，以便使回款工作有章可依、有规可循。显然，回款工作制度化，是创设良好回款气候的可靠保证。

第十六章
售楼处形象设计

【章前概述】

售楼处从字面意思解释就是销售楼盘的场所，售楼处作为楼盘形象展示的主要场所，不仅仅是接待、洽谈业务的地方，还是现场广告宣传的主要工具，通常也是实际的交易地点。因此，要做好作为直接影响客户第一视觉效果的售楼处的形象设计工作。

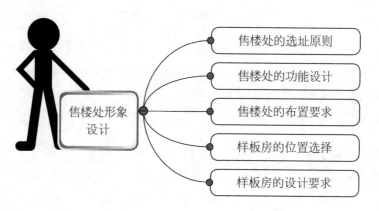

【内容解读】

一、售楼处的选址原则

在项目的总体策划阶段，就应该进行项目销售服务中心的选址。其选择原则如图16-1所示。

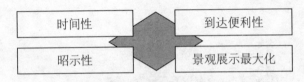

图 16-1　售楼处的选址原则

1. 时间性

房地产业属于资本密集型产业，和金融业密切相关，因此，每个项目都会对资金周转提出要求。售楼部的进驻，对尽早开展销售工作大有裨益，利于项目回款。

时间性原则主要体现在图 16-2 所示的三个方面。

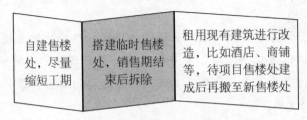

图 16-2　时间性原则的体现

比如，丰盛华庭位于合肥市蜀山区怀宁路和长江西路交叉口西南处，在售楼中心尚未完工时，便在项目北侧的华联商厦广场搭建了临时的接待中心，以便顺利完成销售工作。

2. 昭示性

售楼处作为建筑体存在，也是一个巨大的广告，对于吸引路过客户进入和客户口碑的二次传播，具有很强大、很现实的拉动作用。因此，作为销售楼盘的主要阵地，售楼处最好建在人流量大的地方，比如十字路口。其次，售楼处的交通要便利，以便客户可以选择多种出行方式。

北京富力城地处于朝阳双井东三环中路，总建筑面积（含地上和地下）达140余万平方米，定位于CBD商务圈旁的纯居住区。项目售楼处设计别具一格，具有天然的昭示性，蛋形的售楼处也在其他的许多项目中得到了复制。

3. 到达便利性

售楼处是置业顾问与潜在客户洽谈的地方，要便于到达，一般规避选择在人流较少的巷内等地方。具体要求如图 16-3 所示。

1	售楼处在项目内，一般选择地块内最易到达、人流量最大的地方
2	位于远郊的项目，往往会在市区内设立分售楼处，方便市内的客户接待
3	选择交通动线便利、方便停车的位置

图 16-3 到达便利性原则的要求

4. 景观展示最大化

售楼处一般与景观展示区设立在一起，在景观展示区，也就是售楼处外部展现项目的强势景观资源，对于提升客户口碑，促进销售，具有显著的拉动作用。项目如果有山、河、湖泊等强势资源，多数会在展示区中进行最大限度的展示。

小知识

针对度假养老等客群的项目，强调资源强势占有的别墅项目，往往更重视景观资源的展示。

二、售楼处的功能设计

目前房地产市场竞争激烈，作为客户体验的第一场所，售楼处直接代表项目形象和房地产企业的品牌形象，也是客户最直观接触、了解项目的第一步。因此项目"体验式营销"的实施对客户成交有着重要的影响。售楼处包装最核心的工作就是把"体验式营销"的概念有机地结合到售楼处现场中，让客户系统地尝试、体验。

对售楼处的设计应包含图16-4所示的功能区。

图 16-4 售楼处功能区设计

1. 接待区

接待区是项目形象展示的重要组成部分,它包括接待台、接待背景墙与家具灯具道具等。位于入门的正前方并与模型区相对望,接待台与背景墙应庄重大气,代表项目的气质与风范。接待台的高度在1.5米左右,方便接待人员使用,同时体现亲和力,接待台的功能主要有接待人员接待客户、登记客户资料、派发楼盘资料等。

2. 模型区

模型区主要是楼盘的沙盘展示区,位于售楼部一楼大厅的中央,在其前后方分别是接待区和洽谈区。模型区的主要作用是让消费者通过沙盘了解小区的绿化、建筑密度等基本的信息。模型区的设计要能够在视觉上带给消费者好感。

3. 洽谈区

位于模型区的正前方,看完模型、听完介绍、参观完材料展示区后,在对项目有一个大致的了解后并对项目感兴趣的客户,可以进入洽谈区进行深度了解和沟通。

> **小知识**
>
> 洽谈内需要设置几套舒适的桌椅,带给客户一种安逸、舒适的感觉。

4. 材料展示区

在模型区的右侧面,主要展示项目的工程材料、装饰材料、防震安全结构等。同时还应该在该区域展示开发商获得的荣誉等。

5. 儿童娱乐区

儿童娱乐区紧挨着材料展示区,在儿童娱乐区里面应该设置儿童喜爱的玩具,同时做好安全措施,以防小孩在里面受伤。

6. 办公区

办公区主要分为销售经理办公室、财务办公室。经理办公室主要是为了保管客户资料、制定售楼部的规章制度、策划销售方案等。财务室主要是负责收取销售房款、填写销售报表、总结当日销售总数等。

7. 洗手间

洗手间是购房者非常重视的一个体验区，它应同时具有整理妆容的功能。洗手间设计得好，服务到位，能令到购房者的好感度速度升级。五星级的售楼部当然应该匹配五星级的洗手间，才能体现项目的高品质。

8. 储藏间

宣传物料、宣传道具、临时性的物资储藏都需要这样一个空间来收储。储藏间一般安排在办公区附近。

三、售楼处的布置要求

对售楼处的布置要求如图 16-5 所示。

室内布置 ☞	销售展板的委托设计、制作及安装到位；楼盘模型的委托设计、制作及安装到位；销售区域标识牌制作安装到位；洽谈桌椅、沙发等家具购置到位
室外布置 ☞	户外广告牌的委托设计、制作和安装；户外道旗的委托设计、制作和安装；工地围墙 VI 的制作落实
景观设计布置 ☞	如条件允许，可考虑在销售中心现场周边空间进行一些景观设计，以增加楼盘的品质感和档次感。由项目工程部负责实施，项目营销策划人员协助

图 16-5　售楼处的布置要求

应注重的售楼处装修细节

细节体现品质，售楼处在装修过程中，一定要注重细节，具体要求如下：

1. 柜台和桌椅高度和宽度

（1）柜台桌面离地面 80～85 厘米，下设 10～15 厘米抽屉，柜台下应设电源，台面设置电话出线口，避免明线缠绕。后排柜台台面要设电源，放麦克风和电脑，同时考虑麦克风和电脑走线。

（2）销控区地面要比洽谈区地面高10～12厘米（后排柜台比前排柜台高出一个台阶）。

（3）柜台桌面前面应有10～12厘米高档板。

（4）柜台桌面宽60厘米左右。

（5）后排柜台考虑设文件柜，方便专案助理使用。

2. 户外据点的灯光

（1）要考虑白天的和晚上的效果。

（2）看板上下都可以打灯，但注意等的光源可达距离。

（3）可做霓虹，也可做跑灯。

3. 接待中心内电器

（1）接待中心的电力要与其面积相匹配，一般要求为70～80瓦/平方米。

（2）电器开关要集中。

（3）照明要充分。

（4）灯光颜色要根据个案特点来定。

（5）电话要设定群响。

（6）各办公室内也需要设置分机，在专案和专案助理办公室内设置单线的传真机。

（7）音响控制要考虑后排柜台和洽谈区各设一部麦克风。

（8）现场音响的喇叭可以预埋在销售大厅（模型区、洽谈区、销控区）的顶部。

（9）音响控制一般设置在柜台区。

4. 其他

（1）室内有墙影响，要考虑平面区域划分，动线视线不受其阻隔。

（2）尽可能做到与室外主干道有最大的橱窗面，用大片玻璃表现。

（3）办公室尽量留明窗通风。

四、样板房的位置选择

售楼处与样板房的位置关系，具体如图16-6所示。

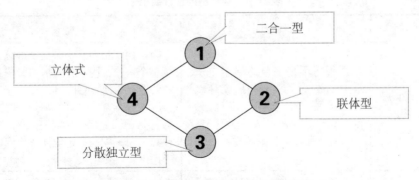

图 16-6 售楼处与样板房的位置关系

1. 二合一型

多层建筑利用其一种较为典型的户型首层作为样板房,同时利用样板房的各个房间充当各功能分区,实现售楼部的基本功能。这种布局可以加强客户对户型空间的直观感受,而且没有路线组织上的混乱,增强亲切感,但缺乏豪气。由于缺少家私的摆放,其家居的温馨气氛较弱。

2. 联体型

这种布置方式是将售楼接待区单独设置,样板房紧邻其侧布置,二者既独立又相连,从而形成一个整体,令客户不知不觉地完成了看楼的全过程。这种方式完整紧凑,既可保持独立接待区的气势,又可体验家居的温馨气氛。

3. 分散独立型

这种布置方式多体现在具有多种户型的小区内,为展示某一户型,而选取与售楼处稍有一段距离的实例作样板房。二者相对独立且较分散。

4. 立体式

立体式售楼部一般是指售楼接待区与样板房不在同一平面上的布置方式。这种布置方式多用于高层建筑中。(因高层建筑下部多为综合性的裙房,五层或六层以上才是标准住宅层)

五、样板房的设计要求

样板房的设计要求如表16-1所示。

表 16-1 样板房的设计要求

要求类别	具体说明	备注
营造真实居家环境	样板房不是简单的展示单位，而要营造一个真实的居家环境。各个房间布置、摆设，各局部的细节处理，都应给人一种马上就能舒舒服服住下来的感觉	（1）由于目标客户是一个群体，不是单个客户，因此样板房的装修设计应营造一个独特品位的环境 （2）豪宅的样板房其核心是主人房，其位置所在、房门朝向、窗台设计、窗户朝向、床位摆放等应慎重考虑
样板房的数量控制	户型较多的住宅楼盘不用每种户型都做一个样板房，一般只需做几个主力户型的即可	不要把不同户型的样板房，例如大面积的与小面积的样板房摆在一起，显得楼盘档次定位不明
电梯与通道、楼梯的包装	电梯要直通样板房所在楼房。通往样板房的通道应整洁明亮，样板房所处的楼梯，保证清洁和照明	通道可布置一些灯光及小展板、镜画、文字标识，把通道也变成广告看板
户外样板房	户外独立的样板房，不但可避开施工的影响，保证施工建造不受外界干扰；而且可尽量弥补样板房局部细节，如朝向、通风、采光等的缺陷	一种比较理想的样板房设计模式
安全第一	工地的上方、棚架、施工中的灰渣、地面、周围的杂物和不利的景观、施工人员的人流等因素，都会对样板房的安全产生不良影响	合适的位置，既要展示卖点又要消除施工中的视觉和感觉上存在障碍的地方，严格地说，合适的位置一般都在施工现场中最容易控制的区域
包装切合主题	如以墙色、艺术画、雕像、浮雕、吊灯、壁灯、雕栏等营造艺术品位，突出与产品匹配的风格	从外到内，大到厅堂、小到每一个建筑局部，都力图体现出产品追求的效果
充分利用每个空间	可广泛使用指示牌、说明书，布置在走道、通道、门口两侧、转角处、栏杆上，说明方向、用途、材料、面积以及注意事项等	如电梯间，按钮旁嵌有可到达何处参观；内壁上还挂有交房时所安装的电梯为何品牌的说明以及电梯效果图

第十七章
案场客户接待

💡 【章前概述】

一般来说，到案场来的客户，都会是潜在目标客户。因此，做好案场接待工作，给客户一个良好的现场体验，有助于达成交易。

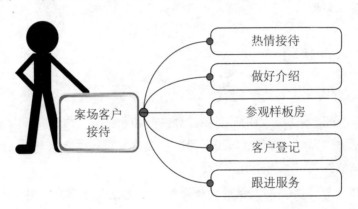

📋 【内容解读】

一、热情接待

客户到达案场后，销售人员应热情接待，可按以下流程操作。

（1）预接待岗位销售顾问主动上前接待。

（2）对于初次上门的新客户，利用简单的交流快速把握客户情况和需求。

① 销售人员起身至大门内侧微笑迎接，文件夹置左臂下。亲切微笑向客

致："上午好（下午好），欢迎参观××销售中心，请问您是第一次来吗？"客户给予回答。

② 虽来过但记不清上次接待人员时，则继续接待。"我是您的置业顾问×××，很荣幸能为您服务。您这边请，（适当停顿并询问尊称）请问怎么称呼您？"

（3）对于多次上门的客户，销售人员根据客户的关注户型做针对性介绍。

销售人员起身至大门内侧微笑迎接，文件夹置左臂下。亲切微笑向客户致："上午好（下午好），欢迎参观××销售中心，请问您是第一次来吗？"客户给予回答，要找某某置业顾问，则安排客户先入座并通知同事来接待。在此过程中此销售人员应在现场陪同客户，直至相应置业顾问到场并交接后方可离开。

（4）对于业主参观，了解业主需求，针对每期新推出样板房进行引领参观。

销售人员起身至大门内侧微笑迎接，文件夹置左臂下。亲切微笑向客户致："上午好（下午好），欢迎参观××销售中心，请问您是第一次来吗？"客户回答："我是某某房源业主，过来看看。"销售人员了解需求，并介绍近期销售信息，陪同参观样板间。

二、做好介绍

1. 基本介绍

了解客户的需求后，对项目总体规划进行基本介绍，包括以下内容。

（1）请客户到视听宣传区域看一段项目周边配套及交通情况的短片，对销售项目进行简单介绍。

若本项目暂时没有设定视听宣传资料，可直接引导客户了解公司及开发产品的概况，并穿插现有新产品进行介绍，配合激光笔道具。

（2）对项目总体规划进行介绍。

（3）对客户进行风险提示和相关法律文件的简要介绍。

如，"××地产作为××市知名的房地产开发企业，注重消费者的权益，倡导理性消费，为每位消费者提供项目产品信息的透明平台，让您在购房过程中真正能享受到物有所值"，以此提出产品的差异性，为后续销售做铺垫。

2. 整体介绍

介绍完项目的整体规划后，需对客户需求产品进行整体介绍，包括图17-1所示的内容。

1. 对客户的需求进行询问，并有针对性地介绍商铺或住宅的主要布局特点

2. 结合销售资料，对客户需求产品进行详细介绍，包括产品的位置、设计规划、定位、大致的推出时间等

3. 尽可能详细了解客户的关注及认可方面的情况

图 17-1　整体介绍包含的内容

3. 充分介绍

对项目区域位置以及周边配套进行充分介绍，包括图 17-2 所示的内容。

1. 尽可能对客户关心的区域位置和周边配套的情况作出详细解释（需要为销售人员准备一份介绍词）

2. 切忌传递给客户错误、虚假或者未经证实的信息

3. 对于住在附近或者对该地区比较了解的客户无需详细解释

图 17-2　充分介绍包含的内容

4. 细致介绍

结合销售资料，细致介绍客户需求的产品信息，包括图 17-3 所示的内容。

1. 请客户坐下，并倒上茶水

2. 了解客户的背景，例如居住及工作地点、有没有看过其他物业、喜欢哪种风格、需要的户型面积等

3. 对该项目的开发风格、公司的服务理念，以及开发过的产品进行详细介绍，加深客户信任度及对产品的期待

图 17-3

结合项目平面图,针对客户所感兴趣的产品类型进行逐一解说,可以谈到平面布局、主力户型、产品特色、建筑高度、社区配套、交付时间等;详细了解客户对产品的意见、期望、顾虑,以及客户的预估价位

 对客户感兴趣的房子介绍价格,讲解购房流程,解释贷款方式,解答贷款及相关预算(月供)计算

图17-3 细致介绍包含的内容

三、参观样板房

说得再多,不如到实地一看,如果设置有样板房,可带客户参观样板房及小区。

(1)主动吸引客户到样板房进行参观,根据客户在样板房中所表现的兴趣点,及时掌握客户的需求信息,并作详细介绍。

(2)带客户到成熟园区中去体会小区环境。

(3)让客户在亲身体验中,感受项目的风格、物业管理的优越等。

板房讲解员亲切引导客户参观样板间,简单介绍样板间风格,各个使用空间的设计卖点,熟悉掌握样板间客厅\阳台\卧室的面宽进深尺寸。

四、客户登记

回顾项目整体情况,做好客户的接待登记,主要包括以下内容。

(1)请客户回到售楼处现场,引导客户至洽谈区,主动帮客户拉椅,让客户入座。尽量坐客户左侧(如能设置服务人员,此时应由其进行茶水安排,此刻服务人员主动上前听候客户茶水需求,同时给洽谈的置业顾问上茶水。)

(2)结合项目相关资料、图片以及产品模型,回顾项目的整体情况,让客户对项目再次加深印象。

(3)留下客户信息,为再次跟进、吸引客户再次上门了解产品做好铺垫。

××先生/小姐/女士,和您聊了这么长时间,还没正式进行自我介绍,我是置业顾问×××,这是我的名片。上面有我的联系方式。同时您也可以拨打我们公司的服务热线,了解项目信息。此时销售人员半起身,双手将名片递至客户面前,文字正面朝客户一面。客户接收名片的话,需半身起双手接过,并

读一遍，再小心收好，以示尊重，切忌随手丢一旁。

（4）客户示意离开时，销售人员陪同客户至客户泊车处（未开车的客户如有需要提前帮客户叫车），送至车门口，并适当预约，为下次来访作铺垫。

"××先生/小姐，您请慢走"，自然挥手送其人/车离开后，方可转身回接待处。让客户感受尊贵服务。

（5）及时记录客户信息。

五、跟进服务

对于来访的客户，销售人员要及时积极地做好跟进服务。

（1）当天17:00前来访的客户，当天或次日下午回访；17:00后来访的客户次日回访。

（2）可以考虑发送短消息。

××先生/小姐您好，很高兴能为您提供服务。如果对于今天看房过程中还有什么疑问，欢迎您随时来电和来访，××公司期待您的再次光临，并祝工作生活顺利愉快。

相关链接

客户跟踪技巧

销售人员对客户跟踪的目的有三个：引起其注意、激发其兴趣、为顺利转入下一步正式推销创造条件。

1. 客户跟踪的依据

在初次与客户面谈时，销售人员也许已经初步了解了客户的需求，但这还远远不够，这时需要建立一份详尽的客户档案，并且要在客户跟踪的过程中不断调整。只有这样，才能知道该重点跟踪谁，他真正需要什么，该从何处打动他。

建立客户档案的要点如下。

（1）无论成交与否，每接待完一组客户后，应立即填写客户档案。

（2）客户档案的目的是帮助你真正把握客户的真实需求，有重点地进行追踪寻访。

（3）客户档案应及时调整。

2. 找到跟踪客户的理由

在与客户保持频繁、持续的联系过程中，销售人员如果一拿起电话就说："×先生/女士，您好，请问您现在是否已经决定购买我公司的房子了呢？"用不了几次，客户就会感到反感。这样的通话，空洞而乏味，难免让人厌烦。

因此，不时地变换联系理由是一个很有效的办法。要知道，真正的客户总是希望能更多地了解市场行情、购房程序、交易税费……只要是向客户提供有价值的信息，都不会招致客户的拒绝。

销售人员可以借下图所示的理由对客户进行跟踪。

（1）邀请客户参加公司举办的各种促销活动。

（2）提供与房产买卖相关的资料。

（3）提供楼盘附近项目的情况以供客户参考（当然是对销售有利的）。

（4）关心客户的近况及最新购买需求。

（5）通报本楼盘及周边楼盘的价格变动。

（6）通报楼盘的建筑或销售进度。

第十八章
案场销售控制

【章前概述】

"销控"通行的情况是优先出售户型或者位置等条件不是很好的产品,而把好位置、好户型的产品留到价格可能达到更高水平的时候进行销售。从而规避了这些户型无法销售的风险,也有利于好的产品在后期卖出更高的价钱。

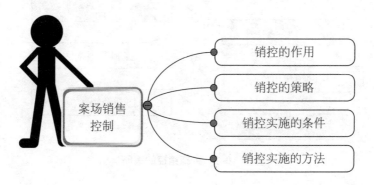

【内容解读】

一、销控的作用

销控是实现项目利润最大化的捷径。房产与其他消费品不同,它的生产周期很长,市场需求变化后供给是不可调节的,只能以销控来实现微调。

一个项目开盘即一抢而空不是一件好事,只能说明定价偏低,开发商没有得到最大的销售收入,所以要控制好销售节拍,在先导期、开盘期、强销期、收盘期各安排合理的供给比例,每个期间内供应的销售量在面积、朝向、楼层中保持一定大小、好坏、高低的比例,实现均衡销售。

如果一个项目的市场需求把握不准或是规划设计不科学,那么能够挽救项目的就只能是营销策划和销售控制了,房产关乎人的终极需求,影响的因素太多,市场需求把握不准的概率很大,且建筑结果是不可调整的,那样销售策划和销售控制就成了影响开发商生存的核心能力因素之一了。

二、销控的策略

由于物业类型不同、物业所处环境和背景也各不相同,在销售上也存在不同的操盘思路。但对于不同项目来说,销控是总体指导思想。尽管销售模式各异,但进行销控的技术手法却大致相同。实施销控,主要有以下策略,具体如图18-1所示。

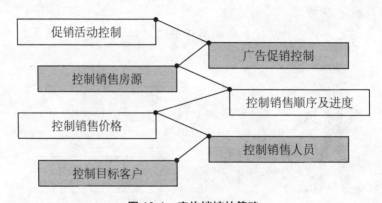

图 18-1 实施销控的策略

1. 促销活动控制

在楼盘销售的各个阶段,都要采取一些优惠措施或组织一些现场活动,以激励买家购买。但要知道,促销也是一把"双刃剑",降低项目的利润空间,并且长期举办或采取普惠制将失去激励作用,因此应加以控制,并且做到促销目的明确,有的放矢。

2. 广告促销控制

一个项目,可用于广告投放的资金是有限的(一般项目总额度的1%~5%),并不是投得越多越好。对于不同档次的物业类型,由于利润空间不同,有着不同的投入比例：高档商品住宅和商业、旅游房地产广告投放要高一些，中低档住宅要低一些。

3. 控制销售房源

这是先卖"坏"房子的秘密，避免形成滞销尾盘而沉积下来，通过销控可以减少后期压力。房地产销售反对那种遍地开花式的销售，即把可售房源同期同批推出，这种方式只能热极一时，后期则难于形成良好口碑，销售将会趋于平淡，甚至一蹶不振。

4. 控制销售顺序及进度

销售顺序及进度控制包括小区各组团、单体楼销售顺序、销售周期各个阶段销售重点等方面，一般以快速完成销售任务为根本出发点。销售顺序是一条主线，更是一种销售思路，是销控的一项最基本工作。

5. 控制销售价格

一般而言，中低档物业采取"低开高走"的价格策略，而高档一些物业则可能采取"高开低走"的价格策略，价格走势一定要迎合买家的消费心理，如"追求升值""和高层次人群居住"等。

6. 控制销售人员

主要是对销售人员的管理职能，防止销售人员越权私做主张订房、一房多售、不执行销售策略等现象，这一点难度很大，但必须把住关口。

7. 控制目标客户

客户可以分为几个等级：无效客户、有效客户、重点客户。重点客户经过销售人员沟通，可进行小定、大定和签约。要通过定金（小定、大定）、合同形成对买家进行约束，对买家换户或退户行为加以控制。如果不加以控制，出现较高的退户率恐怕会在所难免，也容易出现不良口碑。

三、销控实施的条件

实施有效销控需要具备一些基本条件，只有这些基本条件得以整合，并且需要多方面工作的配合，销控策略才会发挥最大效力。一般而言，所需条件与配合主要如图18-2所示。

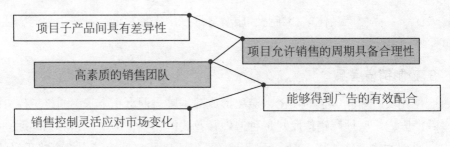

图 18-2　实施有效销控的条件

1. 项目子产品间具有差异性

如果子产品综合质素都一样,那就没有必要考虑先销售哪栋楼了。事实上,除了别墅等高档物业,子产品之间的综合质素都是有差别的,因此必须考虑推售顺序,以确保最大限度地消化现有房源。应注意的是子产品间差异性过大,对项目来说未必是好事,那样"好房源"会与"差房源"形成过大差距。

2. 项目允许销售的周期具备合理性

比如,一个项目,有近500套房子,项目总价近亿元,销售时间仅有5个月,这在东北来说想全额完成销售指标是极其困难的。

在这种情况下,就不能再执行常规的销控流程,只能采取一些非常的"销售手段"。因此,一个合理的销售周期,才能使销控策略得以完美施展,也更利于项目全盘销售。

3. 高素质的销售团队

销售人员应该懂得销控的意图,否则容易影响士气:为什么先卖差房源?为什么拿出这么少的房源推售?同时,销售员对销控应能有深入理解,并巧妙回答或避过客户提问,最终说服客户或使客户对解释深信不疑。

4. 能够得到广告的有效配合

广告传达基本信息告知,如"某月某日开盘""加推某号楼"等,以此聚焦买家的眼球,不断形成新的关注热点。如果仅仅依靠自然来访(主要周边区域居民)或亲戚朋友介绍来访,信息传播范围就很有限,就会使销控的作用得以减弱。

5. 销售控制灵活应对市场变化

"计划没有变化快",在市场上总会出现预先没有预料到的情况,因此对销控也要根据市场形势变化及时调整。尤其需要注意的是,当项目销售情况很好时,要及时调整销控，确保房源足量，同时可以把价格向上调整以增加利润空间等。

四、销控实施的方法

销控是一项细致而周密的工作，需要项目策划人员与销售人员的全力配合，同时要做好各项基础工作。基础工作能够为进行项目策划和调整销控策略服务，因此要求把基础工作做严、做细、做实。那么，要从哪些日常工作入手呢？具体如图18-3所示。

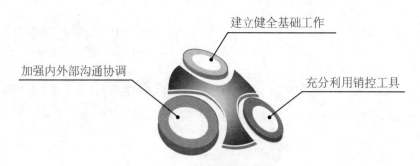

图 18-3 销控实施的方法

1. 建立健全基础工作

基础工作是开展其他工作的基础，此项工作不完善，决策将无法进行。基础工作主要包括图18-4所示的内容。

 制定并完善规章制度，并加大监督、检查和奖惩力度。在销售过程中，销售人员时有违规行为，如对个别销售人员把未发售的后期房源向客户推售、为留住客户向客户泄露销售秘密等，针对这些违章行为都要有规章制度加以约束和规范

 制定销售计划，包括总的营销目标与方针。把营销目标（住宅套数、销售面积、销售额）在销售周期内按月度分解，以此核定项目组的任务完成情况，以考核策划经理和销售经理，更是实施销控的大方向

 加强销售统计信息工作。完善各种统计报表，并加以统计分析。主要统计报表：来电客户登记表、来访客户登记表、客户分析统计表、月度成交情况一览表等，获取市场信息是一方面，更重要的是为调整销控策略作参考依据

图 18-4 基础工作的内容

2. 充分利用销控工具

销控表、"夹子"（销售人员人手一份的项目资料，因把其汇总装订而命名）是目前最常用的销售工具。尤其销控表的制作更要合理，最好能把目前推出和将来推出的房源分开展示，以防止客户对未推出房源持有疑问。

3. 加强内外部沟通协调

包括内部沟通与外部沟通，这是防止在工作中"撞车"以及统一思想和行动的最好方式。沟通内容主要有图18-5所示的两个方面。

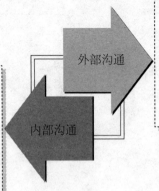

图 18-5　沟通的内容